1秒収納

とは……

たった1秒で収納できるほど、モノの住所が決まっており、しまいやすい状態です。同時に扉や引き出しを開いたときに、たった1秒でどこに何があるかわかる収納を表しています。

片付けが上手な人の収納は「1秒収納」に自然となっているもので、逆に片付けが苦手な人の収納は「1秒収納」になっていないことがほとんどです。

はじめに

「片付けが苦手、嫌い。やる気が出なくて今日も後回し……」

こんな長年の悩みが、

「片付け、好き！　気持ちがスッキリするから、多少疲れていても片付けよう。

片付けは私のプチ趣味」

に変わったら、どうなると思いますか？


幼い頃から長年、片付けに悩んできた人。いろいろ自己流でやってみたけれど、すぐにリバウンドしてしまう人。片付けの本をたくさん読みあさったけれど、自分の片付けには役立っていない人……。

残念ながら、片付けの知識が頭にいっぱい詰まっていても、思い通りに片付くようにはなりません。

大事なのは、あなたが片付けの苦手意識を無くし、楽しくラクに片付けられ、行動できること。

そうすればあなたの悩みや苦しみは軽減されて、今、予想する何倍もの明るい未来が待っています。

私は「1秒収納」という片付け塾を主宰していて、これまで塾長として数百名の片付けに悩む方々のサポートをしてきました。

「片付けの先生なんだから、昔から片付けは得意だったんでしょう?」と、よく聞かれるのですが、実はその真逆。私は40年来の頑固な片付け苦手人間でした。

物心ついた時から、母に「片付けなさい!」と叱られてばかり。でも片付けにまったく興味のない子どもで、母に叱られるから、という理由だけのために、渋々片付けをしていました。

片付けと言っても、リビングに置きっぱなしにしたモノを、母にまとめて「はい」と手渡され、そのまま自分の部屋の学習机の上にポンと置いて、おしまい……。

片付けが苦手なことで、新卒で入った会社では「女のくせに机の上が汚い」と言われて肩身が狭い思いをし、恥ずかしかった……。でも、片付けられない。

片付けが苦手なことも原因で（それだけが理由ではありませんが）、片付けの価値観の相違もあり、夫婦仲がギクシャクして、最初の結婚も離婚してしまう……。でも、片付けられない。

そんな私が本気になったきっかけは、一人娘のことでした。

娘が小学生になり、初めての個人面談で担任の先生に「娘さんの片付けがひどい」と注意を受けて大ショック！　でも、そのとき「娘をどうにかしないと」とは思わなくて、「私が本当に変わらないと！」と思ったのです。

なぜなら、担任の先生が〝証拠〟としてみせてくれたお道具箱には、途中の折り紙やら、過去のプリント、ゴミなどが、ぎゅうぎゅうに詰め込まれていたから。

「ああ、私の片付け方とおんなじだ」

過去の私のように、片付け苦手を次の世代に伝承してしまわないかと、お悩みの方も多いでしょう。どうぞあなたの代で片付け苦手の連鎖を断ち切りましょう。

私がお伝えする片付けの方法や考え方、行動は、過去の私と同じように、何度も何度も片付け苦手を克服しようとしても、挫折を繰り返して来た人も片付けられる方法です。

章末に、5人の生徒さんの成長ストーリーをマンガで紹介しています。彼女たちが、長年の片付けの悩みや苦しみを乗り越えた姿はとても感動的で、きっとあなたに勇気をもたらすことでしょう。

そして、この5名の方以外の数百人の方々も、同じように片付け苦手を克服されています。

片付けのやり方、方法、マニュアル、ノウハウをスラスラと言えたり、片付けの記事や本を読んでも「ああ、それね、知ってる知ってる」と思うのに、なぜか部屋は片付けても片付けてもリバウンドしてしまい、「なんでうまくいかないんだろう」と悩んでいる人……。
つまり過去の私のような人を救いたい、お役に立ちたい、と思い、この本を書こうと決めました。

片付けについて思い悩むことなく、スイスイ行動できれば、あなたが心から望む快適な暮らしも、心地よい人間関係も、やりたかった趣味、仕事だって、手に入れることができるのです。
そうです。大袈裟ではなく、あなたの人生を変える力が、片付けにはあるのです。

片付いた部屋で暮らすという夢を、夢で終わらせずに叶えていきましょう。片付けのことで家族でケンカをせずに、笑顔の時間を増やすことだって可能です。
お部屋に花を飾ったり、ゆっくりお茶を飲みながら趣味に没頭することだって、現実化できます。つまり、あなたの夢を、夢のままで終わらせずに、今の人生でしっかり叶えるために「片付けは有効な手段ですよ」ということです。

「片付けにそこまでの効果があるなんて、信じられない」

そう思うかもしれません。ですが、現実に数百人の方々が夢を叶えていらっしゃいます。私自身がこの現実から、1秒収納というメソッドに自信を持っています。

どうぞ1日も早く、片付けをあなたのものにしてください。
これまできっとあなたは「片付けの奴隷」だったでしょう。
これからは「あなたが片付けをコントロールする人」になるのです。
そのための本です。

本書があなたの暮らしと人生をさらに豊かにする一助となりますように。

Before

片付けが苦手だった頃のりょうこ先生

After

片付け上手になった現在の りょうこ先生

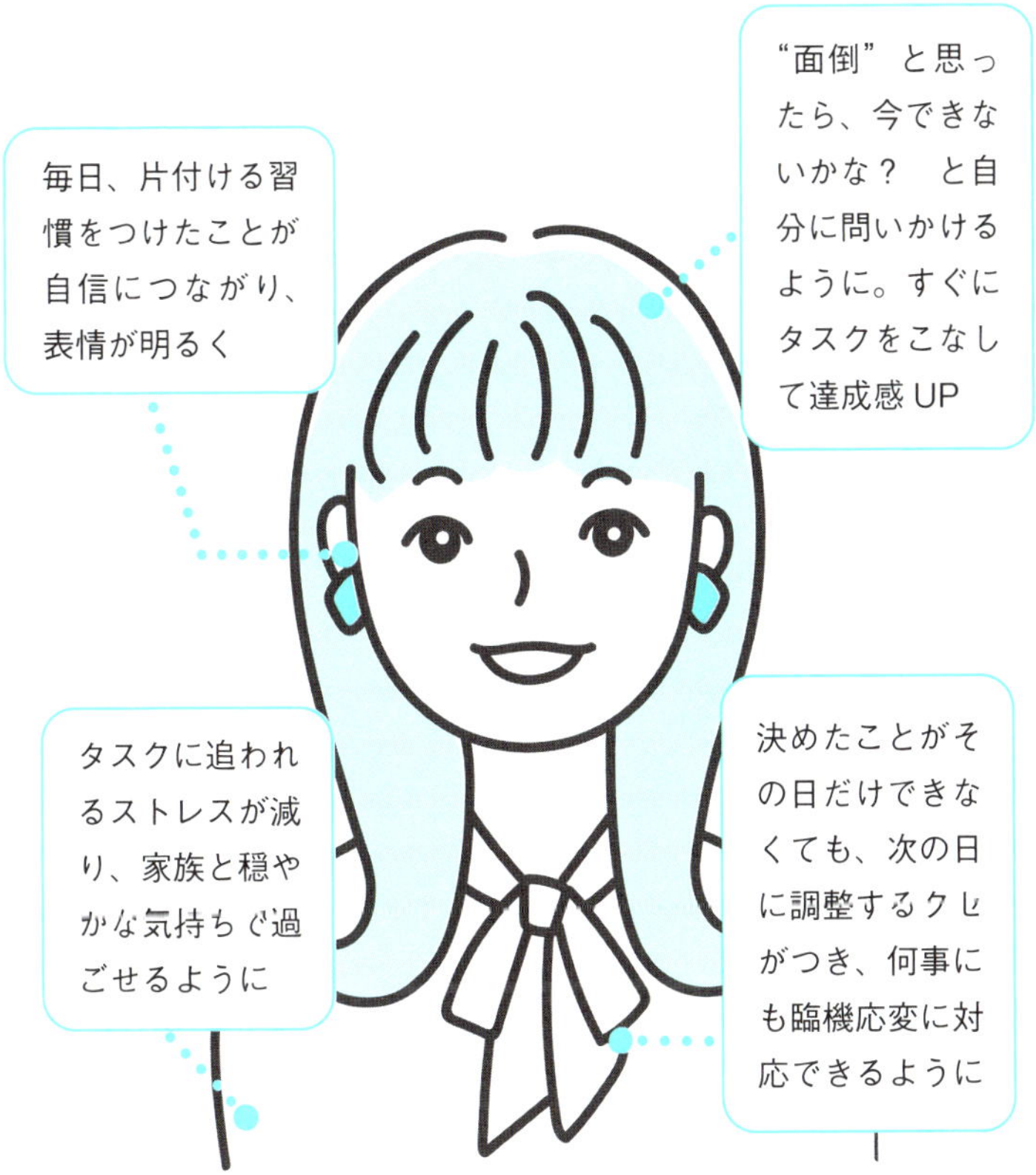
“面倒”と思ったら、今できないかな？　と自分に問いかけるように。すぐにタスクをこなして達成感UP
毎日、片付ける習慣をつけたことが自信につながり、表情が明るく
タスクに追われるストレスが減り、家族と穏やかな気持ちで過ごせるように
決めたことがその日だけできなくても、次の日に調整するクセがつき、何事にも臨機応変に対応できるように

Before

片付けが苦手だった頃の りょうこ先生のキッチン

１日に使う布巾は１枚で十分なのに、「あると便利」だからと、何枚も常に干しっぱなし

調味料やよく使う食材は、常に出しっぱなしに。コンロ近くに置いているため、容器は油はねでベトベトに……

水切りかごには洗い終わった食器を放置。かごに入らない食器も置けるスペースみつけて重ねておいていた

モノが溢れたキッチンに慣れていると、やかんにこびり付いた焦げも、そこまで気にならなくなっていた。コンロ周りの壁も油でギトギト……

After

片付け上手になった現在の りょうこ先生のキッチン

モノが片付いてキレイになると、普段使っているキッチングッズの汚れが目につくように。やかんや鍋の焦げも、キレイにするようになった

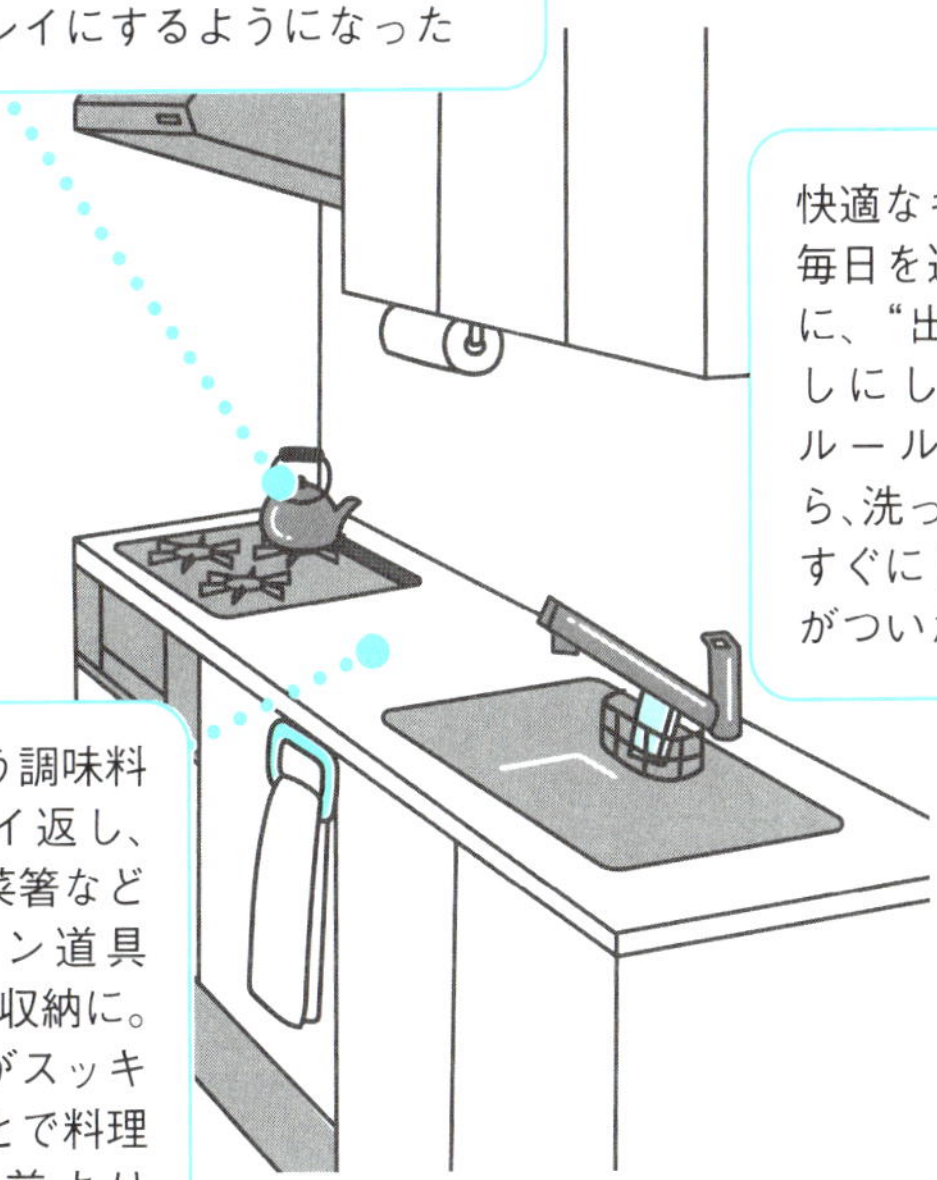

快適なキッチンで毎日を過ごすために、“出しっぱなしにしない”とルールを決めたら、洗った食器も、すぐにしまう習慣がついた

頻繁に使う調味料や、フライ返し、おたま、菜箸などのキッチン道具も、しまう収納に。キッチンがスッキリすることで料理の効率も前よりUP

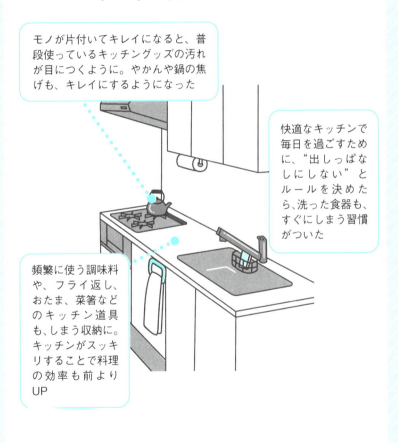

第3章 習慣化する片付けのコツ

第4章 人生が好転する片付け

第5章 リバウンドしない片付け

1秒収納メソッド

片付けは、生きやすい自分に出会うためのツール

私は1秒収納講座を主宰し、これまで数百人の悩める片付け苦手さんのサポートをしてきました。ですが、昔から片付けが得意だったわけではありません。

何を隠そう、私も片付け苦手さんの過去をもつひとり。

過去の私は、部屋の片付けを後回しにする習慣が根付いていて、それが仕事や人生にも大きな影響を及ぼしていたんです。

少々キツい言い方になりますが、ある時まで自分が、「だらしない人間だ」ということに気付いていませんでした。例えば「時間を守れない」「お金の管理も苦手」「人間関係もウジウジ」。でも「みんなそんなもんでしょ?」と、自分に都合のいいように考えていたのです。

でも**私は、「片付け」を通して、だらしない自分とおさらばできました。**今は、「時

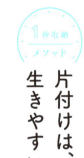

間も守れる」「お金の管理もできるようになった」「人間関係の悩みもありません」。片付けについて学びを深める中で気付いたことは、**いかに自分が他人や環境に、振り回されていたのかということでした。**

そのことに気付いた後は、とても「生きやすく」なりました。今では、片付けは、生きやすい自分に出会うための最強のツールだとさえ思っています。

もしあなたが、片付けが苦手な人であれば、「こんなこともできない私はダメ人間だ」なんて思って、自分で自分に×ばっかりつけていませんか？　それは、自分で自分を傷つけているのと同じです。人生で一番長くお付き合いするのは、自分自身ですから自分との付き合い方は、とても大切です。片付かないからだらしないのか、だらしないから片付けられないのか。ひとりで悩んでいても解決しません。特に思い込みや思考グセは、自分ではなかなか気付くのが難しいのです。

片付け苦手キャラ、もうやめない？

以前の私は、家に遊びにきた人が散らかった部屋を見て「おや？」と思われることをとても恐れていました。だから何か思われる前に自分から「片付けが苦手なんだよね。散らかっててごめんね」という言葉が定型文のごとく口から飛び出していました。

でも散らかっていても気にしないなら、そんなことをわざわざ自分からは言いませんよね。**心のどこかで「汚いと思われたらどうしよう」「ちゃんとした人だと思ってたのにって、ガッカリされたらショック」だと、自分の心に予防線を張ることで自分自身を守っていたのです。**

また、片付け苦手ママと話すときに、いかに自分たちの家が散らかっているか〝片付いていない自慢〟〝散らかっている自慢〟をして、「子育てしていたら片付けなんてできないよねぇ」という傷の舐め合いもしていました。今考えたら、そんなことをしても部屋は片付かないとわかるのですが、当時は片付けたいけど何をどうしたらいいのかわからない状態だったので、お互いに傷を舐め合うことで謎の安心感を得ていたのかもしれません。

「本当に本気になって、片付けをする」タイミングは人によって違います。遅すぎることはありません。取り組もうと思った時がその時です。先ほどの私のように「片付け苦手」キャラを演じると、その場では自分を守ることができます。でもあなたは本当にそれでいいのですか？

「本当はこんなはずじゃないのに」と自分で自分を傷つけているのだとしたら、１日でも早く片付け苦手キャラを卒業しましょう。その方がラクに自由に豊かに生きられます。

1秒収納メソッド

掃除と片付けの違いを知ってる？

以前、生徒さんから、「久しぶりに洗濯機の下をのぞいたら汚れていたので、掃除がしたいです。良い掃除方法はありますか？」との質問を受けました。「わかる！」という人も多いと思いますが、私は、「洗濯機の下のお掃除は、大掃除のとき、年に1度や2度であってもOK。その分、家族が毎日過ごすリビングの片付けに時間を使いましょう」とお答えしました。

ポイントは、「掃除」と「片付け」の違いです。**片付け苦手さんは、その場の「気持ち」や「感情」に流されやすいという特徴があります。**「汚れている」と感じると、掃除の方に全集中してしまいがち。それでは、片付けが一向に進みません。だからこそ、「家事」「片付け」「掃除」の違いを区別する必要があるのです。

・**片付け**…乱雑に散らばっているものを、元に戻す、捨てるなどして整える

・**掃除**…掃いたり、拭いたり、たたいたりして〝汚れ〟をとり、きれいにする

ちなみに、あなたは「片付け」と「掃除」、どちらを先にすべきだと思いますか？
正解は、**モノを元の位置に戻す・しまう「片付け」が先で、汚れを落とす「掃除」はその後です。** 片付ける前に掃除をしたり、掃除と片付けを同時にやろうとすると、片付け作業は全く進みません。元・片付け苦手人間だった私は、片付け苦手さんが陥りやすい思考や傾向・行動が手に取るようにわかるのです。

掃除と片付けの区別がつかなかったあなたも、これでモノを元の位置に戻す・しまうのが「片付け」で、汚れを落とすのが「掃除」だとわかりましたね。片付けと掃除の境界線があいまいだと自分が今、何をしているのかも、よくわからなくなってしまいます。まずはその違いを理解し、心と頭をスッキリさせて片付けに取り組みましょう。

1秒収納メソッド

片付けが苦手な人の脳の仕組み

私が研究を重ねた結果、わかったことのひとつに、**「片付けは、脳の習慣が重要である」ということ**があります。少し過去を振り返ってみましょう。

あなたは学生の頃、夏休みの宿題を計画的に進めるタイプでしたか？　それとも夏休みの最終日に「どうしよう、間に合わない」と半べそをかきながらやっていたタイプ？　私は「まだ読書感想文も自由研究も、そうだ絵日記も白紙状態だ！」なんて、いつも軽いパニック状態になっていたのを思い出します。「計画的にやった方がいいことは、わかってはいるけど、面倒くさい。後でやろう」。夏休みの宿題をこんな風に後回しにしていた人たち、もしかして片付けも同じではないですか？

例えばリビングのテーブルの上を片付けたとしても、必ずいくつかのモノが残ってしまう。それを面倒くさいなと「後回し」にしていると永遠に家全体はキレイになりません。得意な教科の宿題だけを先にやってしまって、あとの宿題は手付かずという状態に似ています。この傾向は、あなたの「脳の習慣」の現れなのです。

面倒くさいと片付けを後回しにしてしまったタイミングで、「あっ！ 今、私が『面倒くさい』と思うことこそ脳の習慣だ」と自覚することから始めましょう。

モノが捨てられない時の深層心理

「片付けができなくて困っています」と私のところにいらっしゃる方のほとんどは「モノを捨てられない」ことで悩んでいます。話を聞いて気付いたのは、**「人からどう思われるか」を過剰に気にしているということ**です。

例えば、「お義母さんからもらった洋服、私の好みじゃなくて一度も着たことがない。もう何年もクローゼットに入ったまま。でも捨てたら、何か言われるような気がして捨てられない」「以前、買ったお守りが引き出しにギュウギュウに詰まっている。神様同士がケンカしそうな状態だけど、処分したらバチが当たりそうな気がする」など、まだ起きてもいないことをあれこれ悪い方向に考えて、処分できないでいるわけです。

そもそも、誰かから「こう言われた」という〝事実〟と、「こう言われるんじゃないか」と心配することは、似ているようで全く違います。

「こう言われた」は事実ですが、「こう言われるんじゃないか」はただの「妄想」です。「妄想」が心に現れると、良からぬことを言われるのではないかという不安で頭も心もいっぱいになり、ネガティブ沼へズブズブと引き込まれて行く。あなたは、そんなことありませんか？

意外に思われるかもしれませんが、**「妄想」は、「傷つくことから自分を守るための鎧《よろい》」です。**

つまり、誰かにショックなことや、ネガティブなことを言われたら辛いから、起こり得ることや、人から言われそうなことを予想して心の準備をしている状態なのです。その気持ち、わからなくもないですが、日々の暮らしの大半を、そんな妄想に縛られていては、片付けにまで気が回せるわけがありません。その結果として、部屋が散かってしまうのです。人の心にも部屋と同じく、キャパシティがありますから。

もし、あなたが子どもだったり、未熟な存在だとしたら、そのように自分の身を守るための防御が必要かもしれません。でもあなたは、すでに成熟したひとりの大人です。**もし何か予期せぬことが起きたとしても、誰かに何かを言われたとしても、冷静に判断し、状況に対処できるはず。**起きるか起きないかわからないことに怯えないで、どーんと構えていればいいのです。

「妄想癖」は、ただの「思考のクセ」です。そして、クセは意識することで変えることができます。

頭の中にあるネガティブな考えの数々がすっぱり無くなったら、あなたが想像するより数段快適な生活が待っています。あなたが妄想癖を手放したら、片付いた部屋で暮らすことはとても簡単なことです。やっかいな妄想癖とはサヨナラして、お家も頭も心もスッキリさせていきましょう。

1秒収納メソッド

片付けの考え方を根本的に見直す

過去の私が片付けをするのは、年に数回だけでした。散らかったものを溜められるだけ溜めて、自分でも「さすがにもう無理」だと感じるまで放置して、一気に片付けるのが「片付け」だと思っていました。

もちろん以前の私は、雑誌の片付け特集で紹介されていた、「毎日リセットしましょう」という専門家のアドバイスもよく目にしていましたし、毎日片付けた方が良いということは、わかってはいました。でも「毎日なんて絶対無理」「私は、片付けは苦手」だとずっと思い込んでいたのです。

誰かに「片付けは、毎日何も考えずに歯磨きのようにできるもの」だと言われたことがあります。

この時に私が片付けだと思ってやってきたことは、「片付けではなかった」ということに気付きました。そして、片付けが苦手なのではなくて、「片付け方を知らなかった」というだけのことにも気付いたのです。

片付けをする上で、私が「ビリーフノート」と呼んで、活用しているものがあります。**「ビリーフノート」は、1秒収納についてお伝えするにあたって欠かせない大切な概念です**ので、ここで少し説明しますね。

ビリーフとは、英語でBeliefと書き、「信念」「信条」「確信」という意味があります。つまり、「私はこう思う」ということ。私たちは無限無数の「私はこう思う＝ビリーフ」が心にギュっと詰まっている存在です。

例えば

・片付けってこういうもの
・掃除ってこういうもの
・家族ってこういうもの
・夫婦ってこういうもの
・親子ってこういうもの

というように、あなたが思っていることひとつひとつがビリーフです。そのあなたのいくつものビリーフを集めたものが、1冊のノートにまとめられているとイメージしてください（＊実際にノートが存在するわけではありません）。

これらの**あなたの心の中にある無数のあなたの考えや思い込み、つまりビリーフを集めたものを「1秒収納」では、「ビリーフノート」と呼んでいます。**誰の心にも1冊のビリーフノートがあります。

〝ビリーフノート〟と片付けの関係

例えば、片付けが苦手な現在のあなたの状態が、

・掃除が嫌い
・片付けが下手
・親子で片付けのことでケンカばっかり
・配偶者から「片付けてよ」と怒られてばっかり

だとしましょう。ビリーフノートを書き換えると次のようになります。

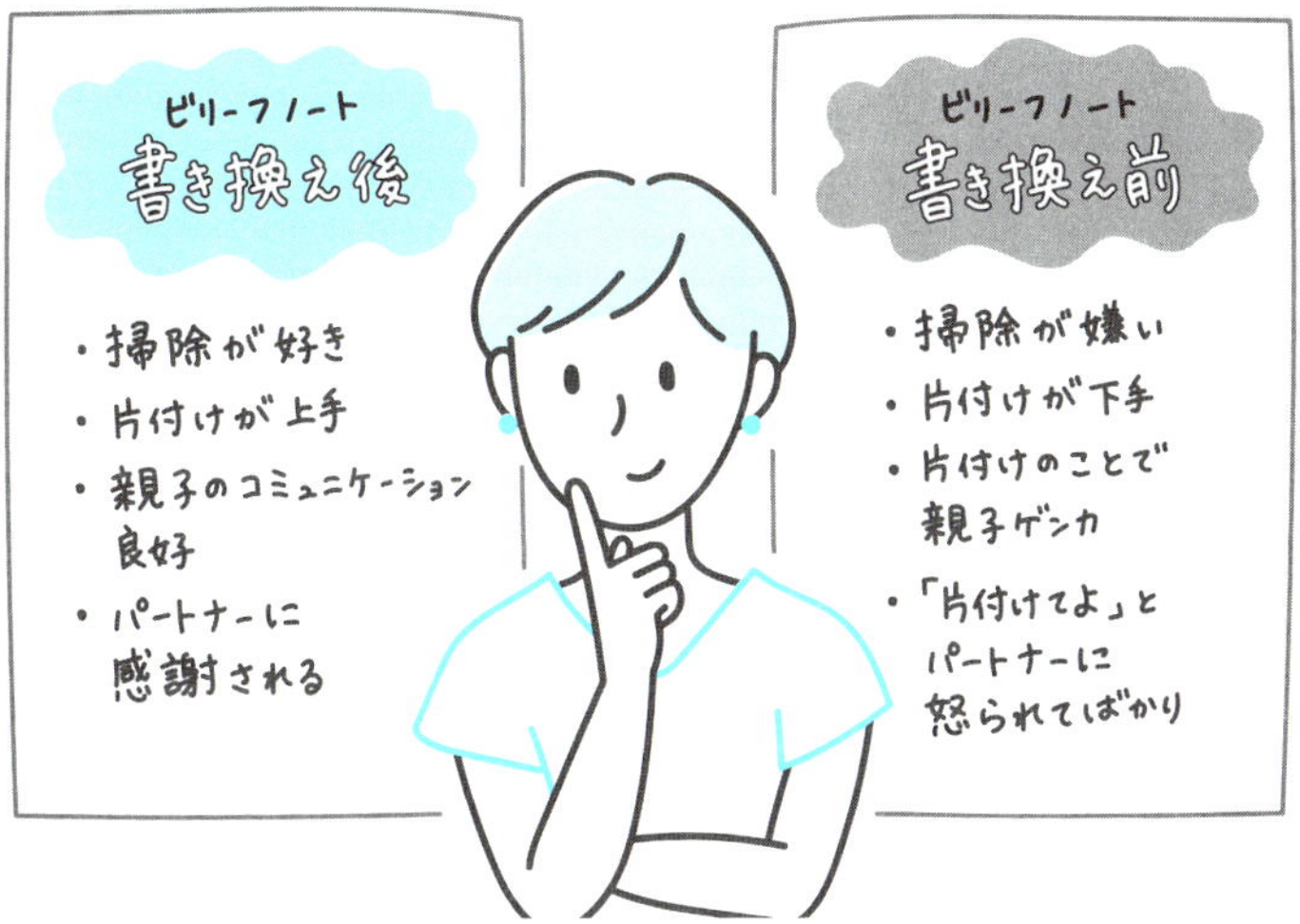

・掃除が好き
・片付けが上手
・親子でコミュニケーションが取れる
・配偶者から「いつも家をキレイにしてくれてありがとう」と感謝される

「未来の片付け上手なあなたの状態」ですね。

ビリーフノートには、片付けだけではなく、あなたの人生自体を書き換えるほどのチカラがあります。ビリーフノートを1枚ずつ書き換えていくことで、あなたの理想の未来を手に入れることができるのです。

「ちゃんと片付けたい」と思いながらもなかなかそれができないのは、そのビリーフノートの中にある、片付けに関する数ページがネガティブな内容になっている状態です。これまでの人生を生き抜いてきた中で環境や人間関係において、「そうしないと生きてこられなかった」「そう思わないとその場をしのげなかった」ということが反映されているのです。

「片付けがすごく大変なもの」というのは、片付けが苦手な人の思い込みです。片付け上手な人は、「片付けなんて、そんな大変なことじゃない。すぐに、ささっとできること」として捉えています。こんなに違いがあるものなのです。

「片付けがすごく大変なもの」というビリーフノートを書き換えない限り、「片付けは嫌なこと」「重労働」「やりたくない」「片付けって思うだけで、頭が痛くなる」というようなマイナスのイメージが大きいままで、いくら「片付けなくては」と思っていても、行動が伴いません。

"ビリーフノート"を書き換えるには？

では具体的に、マイナスイメージのビリーフノートを書き換えるためには、どうしたらよいのでしょうか。

ポイントは、「行動をプラスすること」です。「片付けは簡単」だと頭で考えているだけでは、いざ片付けようとしても「やっぱり無理だ」となってしまいます。片付けについて、いくら机上で勉強しても身にはつきません。

実際に簡単な片付けをしてみて、「片付いた」という事実が目の前で起こると「意外と簡単だった」ということが実感できるはずです。**片付けを細分化して行動していくことが大切なのです。片付けにおいて、小さな成功体験を重ねつつ、1ページずつ書き換えていきましょう。**

「一気に書き換えられないの？」と思う方もいらっしゃると思います。でもそれは無理です。お住まいの家の広さや、片付けにかけられる時間にもよりますが、基本的に家全体の片付けが必要だという方については、数週間から数カ月かかるとお伝えしています。

1秒収納メソッド

お互いの常識の違いから生まれるミゾ

世の中のほとんどの人は、「片付けなんて、誰でもできること、できて当たり前」だと思っています。もしかしたら、あなたのご家族もそのうちのひとりかもしれません。仕事に加えて、家事も育児も一生懸命やっているのに、「片付けぐらいまともにやってほしい」なんてパートナーに言われたら苦しいですよね。

「こんなに頑張って片付けているのに認めてもらえない」と嘆いている方は、もしかしたら、あなたの〝片付けの仕方〟が間違っているのかもしれません。

2004年以降、公立小学校の5年生の家庭科に「整理収納」についての単元が組み込まれるようになりましたが、それより前の世代では、片付けの仕方を学校で教わっていません。自分の親の片付けの仕方が「当たり前」だと思って育つものです。つまり、それは**育った家庭によって片付けについての当たり前が、全く異なるということを意味します。**

その違いをはっきりと実感することになるのが結婚生活です。それぞれが育った家庭で培われた、片付けについての常識をお互いが持ち寄るわけですから、一緒に住むようになって「違う」となることは予想がつきますよね。でもお互いに「これが常識だ」とぶつけ合ったら、衝突するのは当然です。

大切なことは、結婚して新しい家庭を築いた2人で「自分たちのライフスタイルには、どんな片付け方があっているのか」を話し合うことです。

自分は片付けをしているつもりなのに、家族や周りの人たちから心無い言葉をかけられて傷ついている人は、その人たちとあなたの片付けについての常識が異なっている可能性があります。長くともに暮らしていく中で、そのような状況が続いていくのは辛いですよね。

夫婦で話し合う際のポイントは、「完璧主義を捨てること」と「時間をかけて話し合うこと」です。これは、「一度に長時間話し合う」という意味ではありません。片付けの問題は、さまざまなことが絡み合っているので、長い年月をかけて、話し合い

を重ねていくことが大切です。

例えば、実家における人間関係、それぞれの実家の状況、地域によっては男尊女卑の意識が根強くあるなど、夫婦の価値観や考え方が全く同じということは、ほとんどありません。ですから、たとえそれが長時間にわたる話し合いであったとしても一度だけ話して、「はい、話し合いました。これで大丈夫」とはならないのです。

また、夫婦間で「片付けについて話し合いましょう」という時は、部屋の中が散らかった状態であることが多いと思います。お互いにイライラした状態で話を始めても、「あなたがやってよ」「お前がやれよ」というような応酬合戦になるのは想像できますよね。でもこれでは、話し合いではなく、ただ感情をぶつけあう泥仕合。**感情的にならず、お互いに冷静に話せる状況を選ぶことがとても大切です。**例えば、残業帰りのお疲れ状態では難しいですよね。

夫婦で話す時は気負いすぎないで

話し合いをするにあたってのおすすめのタイミングは、お互いに機嫌がいい時、気持ちがフラットな時です。

ただし、いきなり「片付けについて話し合いたい」なんて切り出すと、相手は身構えて臨戦態勢に入るか、逃げるかのどちらかになるでしょう。

今日こそ話すぞ！　という時は一例として、あらかじめ旦那さんの好きな食べ物を用意しておいて、美味しそうに食べているところに「実はちょっと話があるんだけど」と切り出すことをおすすめしています。相手のことを考える「優しさ」や「思いやり」は片付けにおいて、非常に大事なポイントです。あなたも相手にそうしてもらったら嬉しいですよね。

　また、いきなり本題に入るのではなく、段階を踏むことも必要です。片付けの分担を切り出すのではなく、「部屋の現状に満足している?」など家の状況についてどう思ってるか聞いてみるのもいいですね。

　ポイントは、「そんなにモノを持っていても使わないでしょ」「本当に必要なの?」など、正論を振りかざさないこと。**伝え方としては、「あなたは、片付いていない部屋でもいいと思っているかもしれないけど、私はこれから夫婦として同じ家に住んでいく上で、キレイな部屋で暮らすということを大切にしたいと思っているの。だから協力してもらえないかな」という感じで、〝お願いする姿勢〟を意識してみてください。**

　一般的に男性は、妻には「いつも笑顔でいてもらいたい」「機嫌よくいてもらいたい」と思っています。そして「妻が喜ぶことができる俺って、なかなかエライ」というような思考を持っていると言われています。彼らの「俺って、なかなかエライ」というポイントを大事にするのです。

　男性はプライドが高く、傷つきやすい生き物です。妻から「あなたは、これができていない、あれができていない」と言われると、旦那さんも、「そういうお前の家事だって、相当雑じゃないか。なんで俺だけが責められないといけないんだ」という思いも生まれます。それでは、どんどん愛も冷めていきますよね。

例えば、「靴下を脱ぎっぱなしにしないでって、何度言ったらわかるのよ！」ではなく、「脱いだ靴下は、洗濯かごに入れて欲しいな」と伝えることから始めます。話し合う際のキーワードは「思いやり」。ご主人に対して「思いやり」を持つことが大切です。あなたもご主人も完璧ではないのですから。

また、「誰かが片付けしてくれたらいいのに」って、思いませんか？ **基本的にあなたが、「夫や子どもがやってくれたらいいのに」という思考ではうまくいかないのです。**

大切なのは、「私がやります」という姿勢です。「誰かがやってくれたらいいのに」と考えていては、あなたの負担がゼロにならない限りは、永遠に不満と一生付き合わなくてはいけないのです。

もちろん、「家族の奴隷になりましょう」ということではありません。**夫も妻も平等に片付けることを目指すのではなく、妻が家族をリードしていく「誇り高きコンシェルジュであれ」と私は、お伝えしています。**大切なことは、あなたの家庭に合った片付け方を探ることです。家族間で片付け方にモヤモヤするのであれば、修正しない限り、5年経っても10年経っても状況は変わりません。

Check List

- □ “片付け苦手キャラ”を卒業する
- □「片付け」と「掃除」を区別して行う
- □「後回しにするのは脳の習慣である」ことを知る
- □「モノが捨てられない」自分の心の中と向き合う
- □ 心の中にある“ビリーフノート”を書き換える
- □ 片付けについて夫婦で話し合う時間を作る
- □ 家族に片付けをお願いするときは、不満をぶつけるのではなく“思いやり”を意識する
- □ 片付けは人任せにせず自身がリードする

片付け方を知ってからは家の中はもちろん、職場もきれいをキープしています

エリさん
中国地方在住

夫、息子２人（４歳、１歳）

マンション・3LDK

それでも時間が経つにつれ、ようやく火がつきました
復帰まであと1カ月しかないっ！何としてでも片付けなきゃ！あなた、やるよ！
わ、わかった
そこからは、限られた時間で片付けに没頭。主人と一緒に家具を動かしたり、インテリアを見に行ったり
このチェストは窓際？
いや あっちの角の方に置く
部屋がきれいになって、〝開かずの部屋〟も解消 もっと減らしたい欲さえ出てきました
〝1日5個捨てるルール〟だったけど、他に捨てられるモノはないかしら？
現在
今でもキレイはキープ 子どもが2人に増えても、モノが溢れることもなくなりました
お兄ちゃん、おもちゃ片付けようね
はーい！
片付けの効果はすさまじく 復帰後も職場までモノを捨ててキレイにした結果、
頭の中がクリアになって、仕事のミスも減り、人間関係も良好になりました

子どもが生まれてから、半年で物置部屋になりました。どこかにしまわなくてはと思いながら、ドアを閉めて見ないふりをしていました

部屋がキレイになって、家族も片付けをしやすい環境になりました。片付け方を知ったことで自分の自信に繋がり、人生も変わってきたと思います

1秒収納メソッド

片付け苦手さん あるある①

その場しのぎの片付けから物置部屋の完成

40年来、頑固な片付け苦手人間だった私は、これまでにありとあらゆる失敗を重ねてきました。なかでも「私も！」「わかる！ 同じ」と共感されることの多いお話をしましょう。

みなさんは、急な来客に慌てることはありませんか？ 「お客さんが来る」とわかると、私はいつもパニックに陥っていました。そして大慌てで床に散らばっているモノを紙袋にどんどん入れて、別の部屋に隠していたのです。

その結果、お客様がいらっしゃる部屋だけは、とても片付いているように見えるので、その日はそれでパーフェクト。でも、また別のお客さんが来るとなると、また同じことをして、別の部屋にポイ。そう、まさに「ザ・その場しのぎ」（笑）。その日はなんとか乗り切れますが、大変なのはその後です。

書類からお菓子から、時には洋服までガサっといっしょくたに紙袋に入れるので、後になって必要なものがどこにあるのかわからなくなってしまうのです。その結果、今度は「アレがない、コレがない」とモノ探しに一苦労。

このモノをポンポンと手当たり次第に紙袋に入れて、使っていない部屋に隠してしまう方法を取っている人は、かなり多いことがわかっています。１秒収納ではこれを「紙袋戦法」と呼んでいます。

怖くて入れない物置と化した部屋

「うわ！　お客さんが来る！」と**大慌てでリビングの床に散らかったモノを、別の部屋に移動させるなど一時置きを繰り返していくと、あっという間に「物置部屋」ができ上がります。**

過去の私の家にも物置部屋がありました。最初は紙袋戦法の紙袋が３つ、４つのつもりだったのに、気がついたら手に負えないほどたくさんの紙袋と、それに吸い寄せられるように置き場の決まらないものがやってきました。生徒さんの中には、あまりにもモノが溜まり過ぎて、お子さんから「あの部屋なんだか怖いから近づきたくない」と言われてしまったという方もいました。

怖いところ（＝物置部屋）に踏み込むには、「片付けよう」というやる気以前に〝勇気〟が必要です。かなりエネルギーのいる作業ですが、そもそも物置部屋を作ってしまうほどの片付け苦手さんは、片付けに対するやる気に悩んでいます。片付けようとすると具合が悪くなって、横にならないといけなくなるほどの抵抗感を抱いている人もいます。

とはいえ、あなた、もしくは誰かが手を付けない限りは、その物置部屋は永久に片付かないままです。**すでに物置部屋が自宅にあるという人は意を決して、1日も早く片付けましょう。片付けに取り掛かるタイミングが後回しになればなるほど、物置部屋はどんどん手に負えない場所になっていきます。**

床にモノが散らばっている程度であれば、部屋の奥に進みたいとき、モノをまたいでいくことでしょう。でも、段ボールが重なっているような状態になってきてしまうと、部屋の奥まで入っていくのが困難になっていきます。今度は、モノや段ボールを「か

き分ける」必要があり、そのままモノが増殖すれば、奥までたどり着けない部屋になっていきます。

モノをまたげるうちに片付けましょう(笑)。かき分けないといけないレベルまでになってしまうと、片付ける気力さえ生まれません。「いっそのこと、全部捨ててしまおう」と思ったりもしますが、箱の中のものを一つひとつ見てみると、「全部要るものだ」と気付いたとき、絶望感に襲われます。

ただし、**本気の片付けに着手するにも、食事と睡眠を十分にとるなど、身心のコンディションが整っていることがとても**

大切です。

みなさん、熱が出ているときや体調が悪いときは、片付ける気力も出てきませんよね。特に大規模な片付けをするときは、体調を整えてから取り掛かりましょう。

部屋も、頭も、心も、整った状態を日常的にキープするためには、やはり睡眠と食事はとても大切です。部屋が片付くのと並行して、睡眠や食事も健康的になり、人生の質が向上する方はとても多いのです。

1秒収納メソッド

片付け苦手さん あるある②

片付けの優先順位が低い、とにかく後回し

かつての私は、全てのことを「後回し」にする人間でした。しかも当時は、その自覚もありませんでした。

例えば、洗濯物の山があったとしても10分以内に畳めてしまうのに、「疲れてるから後で」にしていたし、床に何か転がっているのが目に入ったら、その場で拾ってどこかにしまうなり、捨てるなりすればいいのに、何度かチラチラ見つつも、スルー。そして何度目かにやっと近くのテーブルの上に「ちょい置き」。

そうやって、テーブルの上にはモノがどんどん積み重なっていったのでした。

実は、**片付け苦手の一番の原因は、後回しグセにあります。**私は、この恐ろしい事実に、片付けができるようになって初めて気付いたのです。

ほとんどの人が、後回しグセと片付けができないことに、因果関係があることに気付いておらず、気付いている人でさえ、話がすり替わって「私は、片付けのセンスが

ない」と思い込んでいるのです。

片付けられないのは、**センスがないのではなくて、「後回しにするのが当たり前」というマインドが、根本的な原因なのです。**

まず大切なことは、後回しにしていることに気付くこと。「あれ、私、今、後回しにした？　したかも」と。そして、「後ではなく、〝今〟できないだろうか」といつも考えていただきたいのです。

後回しにしていることの半分以上は、今できることです。そして、たいていのことは5分以内に済ませられることがほとんどです。**全ての行動において、「今やった方がよくない？」「今、できないかな」と自分に問いかけてみてください。**

〝後回し〟は大きなストレスの原因に

例えば、「このプリントをあの引き出しにしまおう。あ、でもご飯食べてからにしよう」と思った時に、「今、やれない？」と考えるクセをつけて、5分以内にできることは今やってしまいましょう。**今できることをどんどんやっていくと、後回しでや**

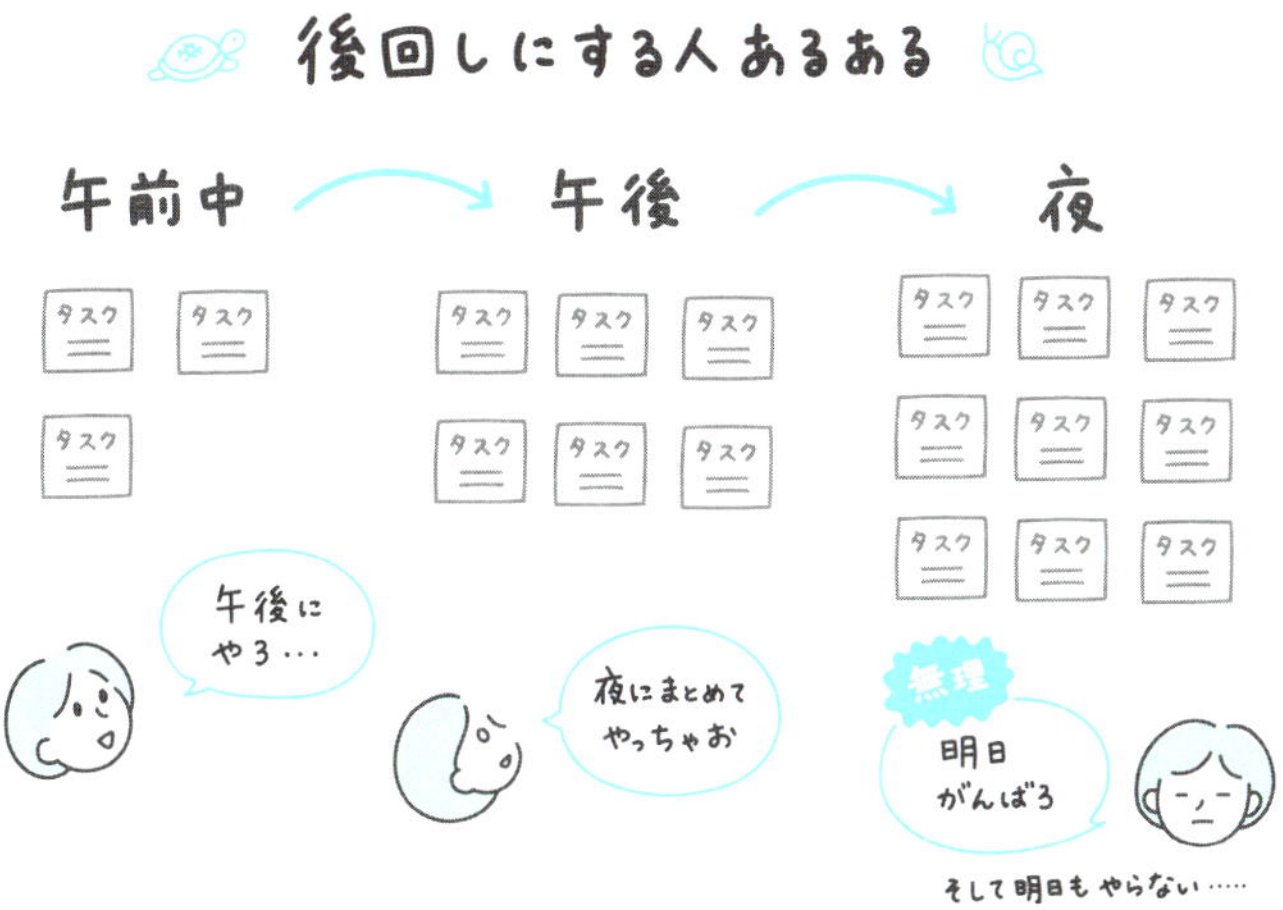
後回しにする人あるある
午前中
午後
夜
タスク
午後にやる…
夜にまとめてやっちゃお
無理
明日がんばろ
そして明日もやらない……

らなければいけないことが、どんどん減っていきます。すると、その方が楽なことに自分で気付くようになります。

しかも、後回しにする人は、後回しにすることが1回で済みません。

例えば、ご飯を食べた後にやろうと思っていても、ご飯を食べた後には、次はお風呂に入ってからやろう、寝る前までにやろう、明日やろうという風にどんどん後回しにしてしまうものです。

もちろん、その間に新たなタスクも発生しますから、後回しにしたことは、雪だるま式に増えていきます。**さっさとやってしまえば、5分以内でできる小さいことなのに、どんどんふくらんで、結**

果的に大ごとになってしまい、「片付けはすごく大変なこと！　もう片付けのことを考えるだけで頭が痛くなってしまう」という事態になってしまうのです。

とはいえ、30分以上かかりそうなことなど、今すぐにできないこともありますよね。そんなときは、〝(その片付けを)する日時〟を設定します。**「今できないから後でいいや」の「後」を具体的に、日時を決定するのです。**

家事や片付けには職場のように締め切りがないことがほとんどです。誰かに迷惑もかけなければ、怒られるわけでもないので、ずるずると後回しにしがちです。でもそれが少し先の未来の自分の首を絞めていることに気付きましょう。

「後回しにしない」と自分に約束する

「自分を大事にする」という表現をよく見聞きしますが、それは、何かをこなしたらケーキを食べるとか、ご褒美にブランドバッグなどを買うことではありません。

1秒収納の片付け塾に入っても、「なんとなく気分がのらないから、やりたくない時はやらない！」と、自分を甘やかすクセがついてしまっている人がいます。**「片付ける」というのは、〝自分との約束〟です。**

片付け苦手さんは、自分との約束の優先順位が低いのです。かく言う私がまさにそうでした。自分との約束の優先順位が低いということは、自分をないがしろにしているということです。自分との約束を守ることで、自分をがっかりさせないようにし、自分を心地よく、ご機嫌にしていくのです。もしあなたが友人に、同じように約束を何度もドタキャンされたら、悲しいですよね。自分はその人に大切にされていないと感じて、その人とのその後の付き合い方を考えるかもしれません。

当たり前ですが、自分との付き合いは一生です。だからこそ自分との付き合い方が、非常に大事なのです。

これまで「自分との約束を守る」ということに気付いていなかったり、もしくは重要視してこなかった人は、最初は自分との約束を守ることが、億劫に感じるかもしれません。ですが、気付いた時に後回しにせず、すぐに片付ける。この達成感を積み重ねていくことが、片付け苦手を克服するカギとなるのです。

1秒収納メソッド

片付け苦手さん あるある③

使ったモノを元に戻せず出しっぱなし

片付け苦手を克服するうちに、私は片付け上手な人と苦手な人の違いに気付きました。ここではそのうちの一つ、片付けが苦手な人が「使ったモノを元に戻せない理由」についてお伝えします。

片付けが上手な人にとっては、使ったモノを元に戻すなんて当たり前のことです。でも、片付け苦手さんはそれができません。それはなぜでしょう。引き出し、開けっぱなし。洗濯物、置きっぱなし。道具、使いっぱなし……などなど、思い当たることは、たくさんあるかもしれません。

さらに、今、自分が何をしているのかを忘れ、中途半端なままにしてしまうこともよくあります。**この理由は、「ひとつのことが終わってない、完了してないのにもう次のことに意識がいっている」から。**次から次へと新しいことに意識が移ってしまう

ので、出したものを元に戻すことにまで意識がいかないのは当然です。

"モノの住所"が決まらないのはなぜ?

片付けに関する本には、使ったモノを元の場所に戻すためには、「モノの住所を決めましょう」と書いてあります。ですが、「住所を決めたいけど、決められない」という声をよく聞きます。私自身も以前はそうだったのでよくわかります。**元に戻せない原因は、住所を決める前に、まずモノの量が多すぎるということにあります。**

そもそも持っているモノの総数、総量

が多い、つまり収納スペースよりモノが多ければ、住所が決まらないのは当然です。戻すスペースがないわけですから、適当にその辺に置くしかありません。そうすると今度は、必要なモノが探せないという状況になります。

まずは、あなたやご家族にとって不要なモノを処分しましょう。**モノを減らすことで、収納スペースでのモノの出し入れがしやすくなり、元へ戻すことも苦痛ではなくなります。**それでも急いでいる時や、疲れている時、はたまた家族がモノを出しっぱなしで放置してしまうこともあります。

その対処法としておすすめしているのは、「15分片付け」です。**毎日決まった時間に15分だけ〝出しっぱなし〟になっているものを片付けるというものです。**誰かが使った後、机の上に出しっぱなしになっているハサミを引き出しにしまう。誰かが脱いでソファーに置いたままになっているトレーナーを洗濯するのであれば洗濯かごへ、あるいは、また着るのであれば、その人の部屋へ持っていく。飲んだ後テーブルの上に置かれたコップをシンクに下げる、というようなことです。

いわゆる「ぱなし」というものです。片付け苦手さんは「ぱなし」の対策が必要なのです。

この「15分片付け」には、〝家事〟や〝大掛かりな片付け〟は含まれません。使ったモノを元に戻すだけの時間です。そうすると「あれ？ この戻している時間って、無駄じゃない？」「いつも同じモノばかりを片付けてる？」と実感するようになります。**15分片付けで片付けるよりも、使った後、すぐに元に戻した方が合理的だよね、という気持ちに少しずつ変わっていき、そのうち自然に元の位置に戻せるようになるのです。**この「15分片付け」のやり方は、3章で詳しく説明しますね。

片付けのルールは自分で考える

「一人暮らしだもん、別に誰に迷惑をかけるでもないし、出しっぱなしでも、別にいいよね」だったのが、結婚して子どもが生まれたり、家族が増えた後も、同じように出しっぱなし、置きっぱなしの悪いクセが続いていくと、いよいよ困ったことになっていきます。ダイニングテーブルの上に家族みんなのプリントや雑誌が山積み、その陰にリモコンが隠れてしまって、必要な時に「あれ？ リモコンどこいった？」と、探せない状況になっている方は、結構多いものです。

例えば、「ダイニングテーブルの上には、モノを一切置かない」というシンプルなルールを作って毎日やってみるというのも一つの手です。ダイニングテーブルは、物置ではないという一つのルールができて、あなたや家族がそのルールをコツコツ守っていくと、最終的にはダイニングテーブルは、いつもキレイな状態が保つことができ、そしてそうじゃないと気持ち悪くなってきます。

まずひとつ、〝自分や我が家のルール〟を作ってみましょう。

「夜のうちに片付けておかないと、次の日の朝、1日片付けることから始めることになるのが嫌なの」と、必ず毎晩、寝る前に部屋をリセットする習慣を作っている人もいます。そうすると毎朝、気持ちの良い時間を過ごせますよね。

「家でもルールだなんて、職場じゃないんだから、堅苦しくてイヤだなあ」と思った人もいるのでは？　**ルール作りに大事なのは「守れる簡単なルール」を作ることです。**

例えば、飲み会があったときなどは、酔って帰ってきて、意識もうろうとしながら郵便受けから夕刊や郵便物を取り出し、家の中に入り、テーブルにバサッと置いてベッドに倒れ込むということもあるでしょう。そんな時は、「飲んで帰ってきた時は、次の日に片付ける」という守れるくらいのルールにすればよいのです。

みなさん、気付いていらっしゃると思いますが、大人になったらルールって、誰かが決めてくれるわけではないんですよね。

ときどき1秒収納の塾で、「ルールは、りょうこ先生が決めてくれる、教えてくれる、と思っていました」という生徒さんがいますが、「ここは、私や先生達の決めたルールを守る塾ではなく、みなさんが、自分でルールなどを決められるようになる、成長のための塾ですよ」と伝えています。

あなたが実行可能な「マイルール」を作っていくことから始めてみましょう。

1秒収納メソッド

片付け苦手さん あるある④

片付け中に別のことに興味が移ってしまう

「今日こそ片付けるぞ」と意気込んで、片付けを始めたはずなのに気がついたら、スマホを見ていたり、気になったところを「今しかない！」とピカピカを目指して掃除し始めてしまったりして、結局何も進まない……なんてこと、よくありますよね。

片付け始めているのに、別のことに気が移ってしまう理由に、片付け苦手さんが、「ひらめきタイプ」ということがあります。つまり、アイデアマンです。「ひらめきがすごいね」「アイデアすごいね」と褒められる反面、ひらめいたり、アイデアが出たりすると、それまでやっていたことをそっちのけにして、次のひらめいたこと、他のことを始めてしまう傾向にあります。

ひらめきに優れているのは、片付けが苦手なタイプの人の長所ですが、片付けをするにあたっては、危険物になりかねません。**完了させるのが苦手で、「完了グセ」が身についていないことを、「自分はそういうタイプなんだ」と自覚する必要があります。**

キッチンでお湯を沸かしている間に、ふと洗面所のあることが気になって洗面所に行ってしまった、するともうキッチンのことを忘れてしまい、しばらく経ってキッチンに戻るとお湯がグラグラ沸いてしまっている。なんていうことありませんか？　このように、そもそも気が散りやすい人は、片付けが苦手な人が多いものです。

生徒さんから「玄関を片付けていると、キッチンを片付けたくなって、ウズウズしてます。キッチンの片付けをやっていいですか」というようなことをよく言われます。思いつきでキッチンをキレイにしたくなるお気持ち、わかります。でも「玄関がまだ終わっていないのに次のところを始めてしまうと、玄関が中途半端なままになってしまうよ」と伝えています。キッチンを片付けたいという欲望が生まれたとしても、ちょっと抑えて、片付け途中の玄関に集中できるといいですね。

そうした自分の特徴を自覚し、完了グセをつけるための方法をご紹介します。手書きのノート、スマホのメモ機能など手段は問いませんが、何か頭に浮かんだら、そのアイデアを書き記してみましょう。「キッチンのあれを、こう片付けよう」なんていうアイデアが出てきたら、頭の中で消してしまうのではなく、一度書き留めて後から使えるようにノートに残しておくのです。

片付けている最中に思い付いたことをメモすることで、気持ちが少し落ち着くはずです。メモをしないで、「キッチンをやりたい気持ちを我慢して玄関に集中してね」というと、頭の中にモヤモヤが残ってしまい、「今やらないと忘れる！」と考え続けることになります。**頭の中にアイデアややりたいことをキープし続けると、脳のメモリーをどんどん使うことになってしまいますよ。**

思いついたことをすぐ行動に移したい人にとっては、最初は、精神的にキツイはずですが、練習を繰り返していくことで、できるようになります。「ToDoリスト」をつけることも一案です。リストの一つひとつのタスクを完了させ、小さな完了を重ねていきましょう。

1秒収納メソッド

片付け苦手さん あるある⑤

“モッタイナイ”から捨てられない

私は、これまでにたくさんの、片付け苦手さんたちをサポートし、お付き合いしてきました。最初にみなさんに片付けに関するお悩みを聞いていますが、そのTOP3に必ず入るのが「モノが捨てられない」ということです。

おそらくみなさんは、ボロボロに穴の開いた靴下や、2年前に賞味期限の切れた食品などは、迷うことなく捨てることができますよね？　では「まだ使えそう」なモノや新品同様のモノはどうでしょう？

「モッタイナイ」という気持ちから、「念のため取っておこう」と考える人がほとんどではないかと思います。

なぜ捨てられないのでしょう？　それは「自分が辛い気持ちになるから」です。**片付けが苦手な人は、モノを「擬人化」したり、ペットのように「捨てるなんてかわい**

そう」だと思ってしまう傾向があります。

そんな「人でなし」みたいなことなんてできない。そんなひどいことをするくらいなら、「捨てない」でおこうという気持ちが働くのです。その結果、部屋には不要なものがいっぱい！　どんどんモノが増殖してしまいます。でもそんな状態が続いたら、どうなるか想像できますよね。

気が付いたら手を付けられないほどの状態になり、片付いていないことが常態化します。そんな家で育てば、あなたの子ども、ひいては孫にまで影響してしまうかもしれません。実は、片付け苦手の

DNAが子どもや孫にまで引き継がれてしまうのではと不安を感じ、「片付け苦手は、自分の代で終わらせたい」と切実な思いを抱いている人たちが大勢います。

今のあなたにとって不要なモノを捨てずに取っておくことで、あなた自身が暮らしにくくなるのはもちろん、家族も生活するのに困るというような状況になる可能性があります。もし、そうだとしたらそれこそが最大の「モッタイナイ」だと思いませんか？

あなたや家族に必要のないモノが家じゅうに溢れ、毎日あなたが「片付けなきゃ」「片付けなきゃ」「カタヅケナキャ」と頭がいっぱいになって、モヤモヤしているならば、「今」が、あなたの「モッタイナイ」を変える時です。

あなたが使わないモノたちを「要らないから」と、安易に、粗末に、もしくは憎しみを込めて、ゴミ箱に投げ入れてしまうのは、確かに辛いことです。でも「これまで本当にありがとう」と、感謝の気持ちで送り出すとしたらどうでしょう。

モノを手放すときにどうしても心が痛むという方は多いと思いますが、1秒収納では、それは「捨てる」のではなく、「卒業」だとお伝えしています。**「モノを捨てる」**

から「モノから卒業する」に言い換えるのです。いかがでしょう、「卒業する」という表現であれば、感謝の気持ちも生まれますし、次に進む明るい感じがしませんか？

モノとの出会いも人と同じで一期一会です。あなたが変われば、あなたにとって必要なモノもライフステージによって変わります。モノとお別れする寂しさをぐっとこらえて、笑顔で「卒業」しましょう。

片付け苦手さんは優しくて、少し臆病。そして怖がりな人が多いので、片付けと向き合う時も「勇気」と「覚悟」がちょっぴり必要だということを、覚えておいてくださいね。だからこそ、片付けを通じて成長ができるのです。

このように**モノを手放していくことで、「この家の、この部屋の主役は、モノではなくて、自分だった」ということに気付いて自信がわいてきます。**

モノがいっぱいで、何がどこにどれだけあるのかが全くわからない暮らしから、家のどこに何がどれだけあるのかハッキリとわかる暮らしに変わると、あなたの「モッタイナイ」は変わっていきます。

1秒収納メソッド

片付け苦手さん あるある⑥

気分や体調にも現れる〝片付けアレルギー〟

「片付け」をしようとすると、体調不良になるなど過敏反応してしまうあなた！　片付けアレルギー症状が出てますね。過去の私も完全な〝片付けアレルギー〟でした。

アレルゲンが体内に入ったら炎症を起こしてくしゃみ、鼻水、倦怠感、頭痛、肌のヒリヒリなど不快な症状が出るのと同じように、「片付け」というアレルゲンによって、あなたの心はヒリヒリするまでダメージが与えられているということに、まず気付いてください。

片付けをしようとするとダルくなったり、体調不良など過敏反応が起きてしまう片付けアレルギーが、一生治らないと思っているとしたら、それもあなたの思い込みにほかなりません。

私を含め、1秒収納をマスターしたみなさんが、片付けアレルギーを克服しています。それには、**「自分が本当はどうしたいのか」を明確にして、それを実行していくことです。片付けは「嫌だ」「不快だ」とずっと逃げ回っていても一向に辛い症状は、楽にはなりません。**

自分が本当にしたいことをイメージするだけでなく、実行しない限りアレルギーは治りません。片付けについての本を読んだり、勉強をしたりインプットだけ頑張っても不十分。〝実際に片付ける〟という行動に移す必要があるのです。少しだけでもやり始めたら、弾みがつくこともあります。

たとえ「1分」だけでも毎日続ける

ポイントは、**どんなにやりたくなくても、多少の体調不良があったとしても「1分だけ」でも片付けること。**この時、タイマーをかけることを忘れないでください。片付け始めて1分以上やりたくなってきたら、もちろんやってOK！　ジョギングを続けるのと同じです。

毎朝ジョギングを続けるためのポイントは、「毎朝、ランニングシューズを履くこ

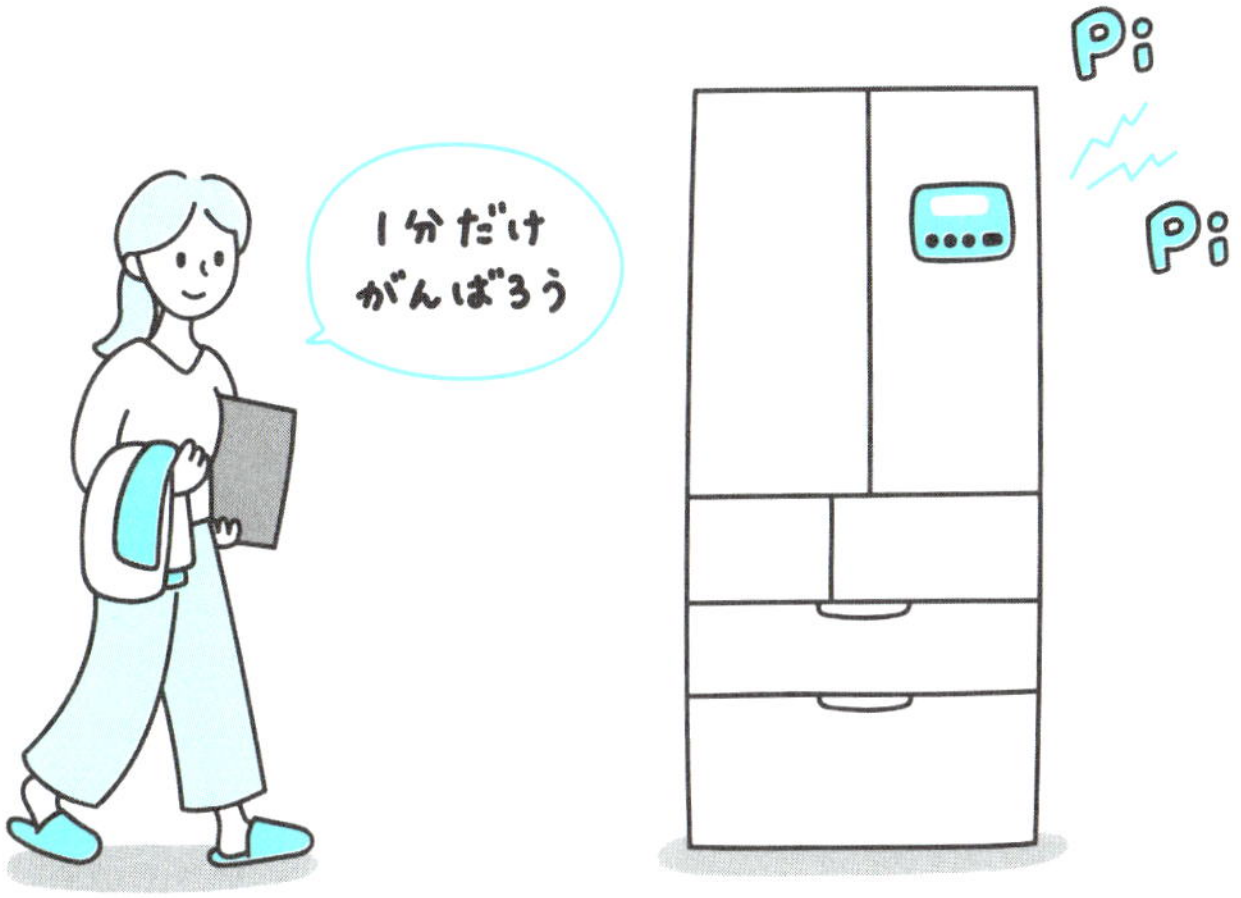

と」。ランニングシューズを履けば、続けられます。続けることが大切なのであって、走る距離は問題ではありません。片付けでいうと、最初は、少しでもいいから片付けをすることが大切で、かける時間は問題ではないということですね。

まずは、1分だけでもやってみましょう。**「今日も1分できた」「今日も1分できた」と毎日続けていくと、それが当たり前になり、5分、10分と長くできるようになります。**そうなるとだんだん30分、1時間と延ばしていくことができます。繰り返しますが、タイマーをかけることを忘れないでくださいね。1秒収納では、キッチンタイマーはあなたの強い味方になるマストアイテムです。

続けるために大切なことは、「1分だけでも、できた自分を褒めてあげること」。

片付けができない人は、「今日しかできなかった」「1時間するつもりだったのに、15分しかできなかった」など、できないことに目を向けることが優位になっている人が多いのです。

そうなると、私は「片付けができていない」という状態から脱却できないので、「今日15分できた」「次の日また30分できた」と少しずつ継続することで、自分の成長を認めてあげましょう。

継続することで、片付けアレルギーは治ります。ノウハウを抗アレルギー薬だと思って、ありとあらゆる片付け本に手を出したり、家族など誰かにやってもらおうとしがちですが、薬に頼ると薬が切れた時に大変なことになります。もしかしたら悪化することも考えられます。いや、片付けに関する本は、エナジードリンクのように一時的にあなたを元気にさせますよね。どちらにしても一番健康的な状態を持続させるために必要なのは、薬でもエナジードリンクでもなく、根本的な〝体質改善〟です。

片付け苦手を克服するには、自分が主体となる

体質改善のためには、片付けに対する姿勢を変える必要も出てきます。

「家族の誰かが片付けてくれないか」という思考だと、「どうしたら家族がやってくれるか」について考えることに膨大なエネルギーを投じてしまうことになります。「どうして私がやらないといけないの？　夫や子ども、家族がやってくれたらいいのに」という思考から、「私がやる」に変わらない限り、片付け苦手は克服できません。

誰かにやってもらおうと考えるのではなく、家庭の片付けについて旗を振っていくのは自分だという気持ちを持つことです。４人家族であれば、均等に割って、「1人25％ずつ片付けるようにしたい」と考える方が結構多いのですが、今すぐそれをするのは、現実的ではありませんよね。

将来的には可能かもしれませんが、**まずは「私がやります」とあなたが旗を振ることから始めましょう。**

不思議なことに、そうすると、家族は片付けに取り組んでくれるようになるのです。
ただし、時間差があります。**あなたが片付けに熱心に取り組んでいるうちに、家族もあなたの背中を見て、変化していくのです**。

体質を改善するには老廃物をデトックスすることがとても大切です。片付けも同様で、モノを処分することで、心や精神のデトックスが叶うことは、みなさんご存知ですよね。デトックスしながら、片付けアレルギーを克服していきましょう。

Check List

- □ 本気の片付けを行う際は、睡眠と食事を十分にとる
- □ 何事も後回しにしそうになったら「今できないかな？」と自分に問いかけ、後回しグセをなくす
- □ 片付けをすぐにできないときは、具体的に日時を決定する
- □ 収納スペースを作るためにモノの量を減らす
- □ 実行しやすい「片付けのマイルール」を自身で作る
- □ 1カ所の片付けに集中し「完了グセ」をつける
- □「モノを捨てる」から「モノから卒業する」に、ビリーフノートを書き換える
- □ たとえ1分だけでも片付けは毎日実行する

広い戸建てがモノで圧迫！意を決して片付けを実行したら新たな家族も増えました

タカコさん
関東在住

夫、娘３人（中１、小５、小１）

戸建て・4LDK

それでも子どもを寝かしつけてから、片付けは深夜にやっていました
さて…
今夜はキッチンを片付けるか
翌朝
ママ、おはよー！
おはよう！そうなの、ママ夜にがんばったの
何かキッチンがきれいになってる！
翌朝の家族の反応が快感になりだしてスピードUP！
家がきれいになると、自然と家族も協力的に
宿題終わったから、片付けるね！
ありがとー！！
物置部屋も解消して
おじゃましま～す
いらっしゃい♥
ママー友達と今から部屋で遊ぶね！
急な来客に怒ることもなくなりました
もっとも大きな変化は散らかった家では迎えられなかった
ママにべったりね～
にゃ！
わたしもだっこしたーい
新たな家族とも快適に暮らせています

新居へ引っ越し後も散らかり具合がひどくなる一方で、部屋は物置状態に。幼児のおもちゃや小学生組の学用品が散乱して、めちゃくちゃな状態でした

片付けられるようになってからは、疲労感が軽減。心の平穏が保てるようになり、毎日の生活の質が変わりました

1秒収納メソッド

挫折しない片付けの手順

片付けにおいてもっとも大切なことは、まず〝目的地〟を決めることです。それから目的地までの〝地図〟を手に入れます。地図がないと遠回りしてしまったり、その場をグルグル堂々めぐりだったり最悪の場合、真逆の方向に歩いていってしまったりして、永遠に目的地にたどり着かないこともあります。

あなたの片付けにおける目的地に着実に近づいていくには、まず正しい地図を手に入れることです。そして地図を見ながら、自分でハンドルを握り、アクセルを踏んで前に進んでいきましょう。

ここでいう地図とは、仕事でいうと計画書のようなもの。**最終的な目的は何で、そのために何が必要で、どこから手を付けていくのか「手順」を明確にしておく必要があります。**

具体的には、「100時間片付け」です。片付けがとても苦手で、**散らかっている家全体をキレイにして、仕切り直すのに必要な時間は、個人差はありますが100時間前後。**しかも何年も、ではなく短期間、2カ月前後の間に100時間をかけて片付けきってしまうというものです。そのために1秒収納塾では、片付けを始める前に100時間の片付けの計画表を出してもらっています。

気まぐれに今日片付けをしてみたら、なんか乗ってきたから、次の日も片付けられた。結局「3日間で片付けられました。これで大丈夫です」とおっしゃる方がいるのですが、そもそも気まぐれで始めていることなので、その3日間は、たまたま片付けられただけかもしれません。

もしかしたら、明日いきなりやる気をなくして、ピタッとやめてしまうかもしれないし、体調を崩して1週間休んだら、元の汚部屋に戻ってしまうということもあります。ですから、気まぐれでの片付けではなく、確実に家全体の片付けが終えられるよう、私の生徒さんたちにはスケジュールを立ててもらっているのです。

100時間と聞いてびっくりしてしまう方もいらっしゃいますが、実はそんなに大袈裟なことではなく、「片付けは長期戦」ということなんですよね。短距離走の片付けはリバウンドしてしまうのです。

家の大きさ、モノの量、作業が早い、遅いなど個人差はあると思いますが、片付け苦手さんが10時間20時間で家全体を片付けるのは不可能です。100時間の片付けをやり切った人は、口を揃えて「過去の私は、片付けにかける時間の見積もりが甘かった」とおっしゃいます。

スケジュール表が片付け達成のカギ

では、どのように目的地を定めるのかについてお伝えしましょう。片付けに着手する前に、スケジュール表を書きます。2カ月分の日にちを書き、1日のスケジュール(8〜25時)に区切りを入れます。そして、毎日片付けにかけられる時間を決めます。**この100時間で汚部屋を一掃するイメージを描きながら、片付けに充てられる時間と累計の時間、そしてどこを片付けるのか場所を書いていきます。**

100時間片付け スケジュール表

日付	11/2 金	1.
15分お片付けできた！	○	(
片付けに取り組む予定時間	10:00 - 12:00	9:40
片付けに取り組む予定時間（合計）	2時間	1時
片付ける場所・取り組むこと	洗面所	玄
実際に取り組んだ時間	10:10 - 12:30	
実際に取り組んだ時間数	2時間20分	1時
累計片付け時間数	10時間50分	
気持ち・感想・考え	やり始めたら火がついた！	よく頑張

ただ、片付けが苦手だと、スケジュールを組むことにアレルギーがある方が多いのも事実です。

スケジュールを組んでもその通りにうまくいった試しがないので、「計画自体を立てたくない」のです。「スケジュールを守れないのであれば、いっそのこと、スケジュールなんて組まない方が良いのでは」と思われる方には、「スケジュール表を作って守れた人が偉くて、守れなかった人はだめ」「絶対に守らないとだめ」という心理が働いています。

でもスケジュール表は、スケジュールを守るために作るわけではありません。

あくまでも、片付けを達成させるためのツールにすぎないことを認識しましょう。

そもそも立てたスケジュール通りに進むことは、100%あり得ません。なぜなら、自分や家族の体調不良、仕事をしている人は、急な残業ということもあるでしょう。大切なのは、スケジュール通りに進めることではなくて、スケジュールが変わった時に、どのように再調整するかが腕の見せどころです。

ポイントは、〝スケジュールを守る・守らない〟ではなく、スケジュールを使ってあなたの目的を達成していくことです。スケジュールを組む工程をパスすると3日坊主を繰り返すことになってしまって、一生片付け苦手のまま。克服できません。

スケジュール表は、カーナビと似ています。カーナビも、道を間違えることがありますよね。でも運転する自分で調整しながら、目的地に向かうわけです。じゃあ、カーナビは要らないのかというと、そんなことはありません。カーナビ自体は、便利なものですから大切なことは、カーナビをどのように使うかということであり、スケジュール表はそれと同じです。

まずは、2カ月間で100時間の片付けをするというスケジュールを定めましょう。

どれだけ入念に予定を立てても予定は予定。変わるのは当たり前です。状況に応じて、調整しながら、〝片付けの達成〟というゴールを目指しましょう。


「私は仕事がフルタイムだし、難しい」

「親の介護で時間を作れない」

「子育てで、てんてこまい！　とてもとても……」

という方もいらっしゃるでしょう。大丈夫です。

基本が2カ月ですので、場合によっては3カ月や4カ月でもかまいません。ただ、むやみに長く取り組むのはNGですよ。集中して取り組むからこそ、成果が出ます。

1秒収納メソッド

いったい、どこから片付けたらいいの？

私のところに相談にいらしたみなさんは、口を揃えて「片付けなきゃいけないのは分かっているけれど、どこから始めたらいいかわかりません」とおっしゃいます。

何から始めたらいいのかわからなければ、つい後回しにしてしまうのは当然です。「今日は疲れたから」「今日は忙しいから」「今日は暑いから」と、片付けしない理由を生み出してしまい、これが積み重なっていくほど、どこから片付けていいかわからない〝散らかり部屋〟が拡大してしまうのです。

では、「いったい、どこから片付けを始めたらいいのでしょう」。答えは「家の狭いところから」です。みなさん、リビングから片付けたいと思われるようですが、リビングの片付けは最難関。まずは玄関や洗面所からです。リビングの片付けは、歌でいうと大サビです。玄関や洗面所などイントロから始めましょう。

玄関や洗面所から始める理由は、狭いので比較的短時間で終わるということと、モノの使用目的が明確な場所だからです。洗面所や玄関に置くモノは、どこの家もだいたい決まっています。洗面所にお菓子があったり、玄関に化粧道具があったとしたら、「目的」がずれているということは明白ですよね。

玄関や洗面所は、モノを手にして「これはどうしたらいいんだろう」と迷うことが少なくて済むのと、スペース的に狭く、作業量が少ないので、完了させやすいということもあります。片付けがひとつのエリアで終わった！　となれば、達成感を味わえるので、それからはサクサク進んでいきます。

片付け苦手さんには〝完璧主義〟な人が多い

ちょっと想像してみてください。

A：モノに支配されずに片付いた状態を毎日維持できて、家族にも笑顔で接することができる

B：必死で部屋を片付けても、キレイな状態が保てるのは一瞬のこと。あっという間にリバウンドしてしまって、家族にもイライラをぶつけてしまう。そんな自分に嫌気がさして、自己肯定感は爆下がり

どちらがいいか聞くまでもありませんが、もちろん前者がいいですよね。もし、あなたがちゃんと片付けているなら、部屋がスッキリしていて当然なのに実は〝完璧主義〟が意外な「落とし穴」になっていることをご存知でしょうか。

片付け苦手さんは「完璧主義」なことが多いのです。私が塾生さんたちに「○○さんは、完璧主義なのでは？」と聞くと、「いえいえ、そんなことないです」と首を横に振ります。でも**おそらくみなさんが描いている〝片付いている部屋〟は、ＳＮＳで見る美しいお部屋やインテリアショップのイメージであることがほとんどです。**

つまり、24時間いつ見ても、一瞬たりとも散らかることがなく、目に触れるところにはモノが一切出ていない状態だと思い込んでいるのです。ＳＮＳで見る完璧な部屋が１００だとしたら、片付いていない自分の部屋がゼロ。「そこにたどり着けない自分は、片付けのセンスがない」とビリーフノートに書き込まれているのです。

しかも「１００にならないなら、片付け自体をしない」と考え、結局、部屋はゼロの状態（散らかった家）のまま。でもまずは「完璧に仕上がった部屋でなければ、片付いてるとはいえない」という完璧主義を手放しましょう。それによって部屋の状態が完璧、つまり１００ではなくても90でも80でも、「十分、高得点！」と満足できるようになります。

完璧主義から離れてくると、家が片付き始め、同時に視野も広がり、自分にも家族にも優しく接することができるようになります。このような相乗効果に「片付けが、意外にも自分に対してだとか、家族との関係性にも繋がってたということに気付いて、目からうろこが落ちました」という方もいます。

インスタなどのSNSにあがっているモデルルームのようなキレイな部屋を目指そうとすると、片付けても片付けても「いや、まだまだ……」と満足できずずっと苦しいばかりです。80点、90点でも、「私の家っていいいな」と思えることを目指しましょう。

1秒収納メソッド

ムダのない片付けの進め方

片付け苦手さんは、なぜ片付けに時間がかかってしまうのでしょうか。元・片付けられない人だった私は、インテリアや素敵な部屋が大好きなのに、片付けが苦手というコンプレックスに40年以上苦しんでいました。

目の前の片付いていない部屋を見て、「本当はこんな部屋を望んでいない」「私が好きなお家とはほど遠い」と理想と目の前の現実とのギャップを感じるのは、とても苦しいものでした。それに「片付けに時間がかかる」ことも大きなストレスでしたし、「片付けには時間がかかるもの」だとも思い込んでいました。

そこで疑問が浮上したのです。「世の中の人は、みんな、こんなに時間かけて片付けしてるの？」「もしかして私、ムダなことをしてしまっているのでは？」と。**当時の私の片付けは、「これは、後でやろう」「今は決められないなぁ」と判断を先送りして、〝保留〟ばかりしていたのです。**

つまり、一つのモノを片付けるのに「さて、どうしよう」と何度も判断していたということになります。もし10個のモノをそのまま10か所の元の場所に戻せば、判断する手間は10回。でも10個のうち5個を「これはまた後で」と判断を先送りしてしまったら、判断する手間は15回になります。

多くの片付け苦手さんは、何度も先延ばしをします。例えば、片付けに関するタスクが10個あるとしましょう。10個のうち2個は、そのときやるのですが、残り8個を先延ばしします。

朝のタスク10個のうち2個だけやり、残り8個をお昼にやろうと思っていても、面倒くさくて先延ばし。夕方に8個をやろうとしても、やっぱり面倒で夜に先延ばしして、結局やらないというようなことを毎日繰り返します。

しかも先延ばしにしている間に、お昼に新たな5個のタスクが発生し、夜は夜で新しく5個のタスクが発生したとしたら、先延ばしにした8個と合わせると18個にまで増えているというわけです。**タスクが増えていく以上に怖いのは、〝やらなくては〟と思いながらできなかったと思う回数が多くなってしまうこと。この「できなかった」というマイナスの感情がストレスになり、心を蝕んでいきます。**

一日の間に何度も「やらなきゃ……でもできない」を繰り返すことで、脳に何度も負荷がかかっていることに気づいていますか？　先延ばしにすることでタスクの数も増えていきますが、心と脳の疲労も「雪だるま式」に増えていきます。脳にかかる負荷の一つひとつは弱い力でも、積み重なることで心が蝕まれ、それによってどんどん自信を失っていってしまうのです。

片付けができるようになれば、脳にかかる負荷がなくなっていくわけですから、片付け苦手を克服した方が、みるみるうちに元気になっていく理由がおわかりいただけますよね。

毎日の15分片付け

つい先延ばしにしてしまう方におすすめしているのが、15分での「リセット片付け」です。**リセット片付けとは、やりっぱなし、飲みっぱなし、置きっぱなし、脱ぎっぱなしなどの〝ぱなし〟のモノをしまうこと。**私はこれを「〝ぱなし〟のパトロール」とも呼んでいます。

この定義に従うと、洗い物や洗濯物を畳むことは、〝片付け〟ではなく〝家事〟の範疇になりますし、大がかりな片付けも「リセット片付け」ではありません。

この「リセット片付け」をする際に大切なのは、タイマーを使うこと、そして、取り組む時間を決めること。早起きが得意な人なら朝がいいでしょうし、夜寝る前が落ち着いてできるという人もいます。家族が不在のお昼間にやるのがいいなど、タイミングは人それぞれです。

さらに重要なのは「毎日やること」。「え！　毎日!?」と思われたかもしれません。でも例えば、月水土など週に3日しようとすると、「今日はやる日だったっけ、やらない日だったっけ」と考えることになります。

せっかくやる気があったのに、「今日はやらない日だった」なんていうことになるとやる気がそがれてしまいます。

毎日やる方が大変そうに思えますが、「する・しない」を判断する必要がないので、毎日やるのは、実は続けやすい方法なのです。

片付ける上で見逃しがちなことですが、大切なのは片付ける目的をハッキリとさせて、「制限時間をもうけて取り組む」こと。制限時間がないと、永遠に取り組むような気持ちになってしまい、「辛いな、イヤだな、やりたくないな……」と、身が入りません。

逆に「15分だけやってみよう」だと、重い腰が上がり、取り組めるのです。

15分お片付けマニュアル

方法

① キッチンタイマーで15分セット
② 15分、片付け以外のことはしないと誓う（※重要）
③ 15分、無心に片付け！
④ 乗ってきたなら数セット繰り返してもOK

ポイント

- 毎日決めた時間やタイミングに実施する
  （思いつきで行動しない。毎日コツコツ）
- 仕事の日、そうでない日など、いくつかパターンを作るのもよし！
- スマホではなくキッチンタイマーを推奨
  （スマホの魔力に吸い込まれないため）
- 気乗りしなくても、まずは15分だけ取り組んでみる（意外とできる！）
- 元の場所に戻す「リセット片付け」に専念する

家の中のモノを減らす

片付け上手な人であれば、不要なモノは迷わず捨てます。でも、この本を読んでいるあなたは、「要らないものだから捨てよう」と思えますか？

不要なモノを「捨てられる・捨てられない」に分けるのは、あなたの性格ではなくて、あなたの「捨てる」ことに対する思い込みが、ビリーフノートにどのように刻まれているかです。

何十年もその思考で生きてきたわけですから、急にガラリと変えられないことも理解できます。片付けられない人たちにとって、ほとんど使っていないキレイなモノを捨てるのは、バンジージャンプに挑戦するくらい、すごく勇気のいることです。

「まだキレイだし壊れていないけど、使わないモノ」「いつか使うかもしれないモノ」を捨てるためには、あなたが本当に「不要だ」と納得した上で、〝自分の手〟で捨てていく必要があります。ダイエットでも食べるのを我慢するダイエットでは、すぐにリバウンドするのと同じで、納得していないのに「とにかく捨てて！」と、誰かに言

われて渋々する片付けは、必ずリバウンドします。

ポイントは、家の中のモノの数をダイエット同様〝健康的〟に減らしていくことです。そのためには、まずあなたがどんなことに〝思い込み〟を持っているかを「知る」ことが大切です。

片付いた家にするための鉄則は「収納できる量しか持たないこと」。

それ以上のモノを持つことはNGだと考えることが基本になります。片付け苦手さんは、「使うモノはしまわず出しておく方が使いやすい」、収納とは「いつか使うモノを大事に保管していくもの」という思い込みを持っています。

普段使うモノを「しまってしまったら使いづらいじゃない」と思いましたか？　使いづらいところにしまってしまうから、使いづらいわけですから、取り出しやすく、しまいやすいところに収納することがポイントです。

収納の場所にも順位があります。例えば、押し入れの奥は、収納場所としてけかなり低い順位です。毎日、毎食のように使うお箸を、押し入れの奥には入れませんよね。

「収納する場所」と「使う頻度」を、モノ一つひとつについて丁寧にマッチングさせることが大切です。

多くの人は、この「一つひとつ丁寧に」という点で「ああ！　面倒くさい！」としびれを切らしてしまいます。そこで「とりあえずここに入れておこう」となります。でも、これこそが一番やってはいけないこと！　**「とりあえずここに入れておこう」としまったモノは、後でどこに入れたのかわからなくなります。**「とりあえず」は一見、聞きやすく使いやすい言葉ですが、1秒収納では「面倒くさい」と並んでNGワードです。**「とりあえず」ではなく、時間をとってしっかりモノと向き合い収納場所を決めましょう。**

キッチンの収納例

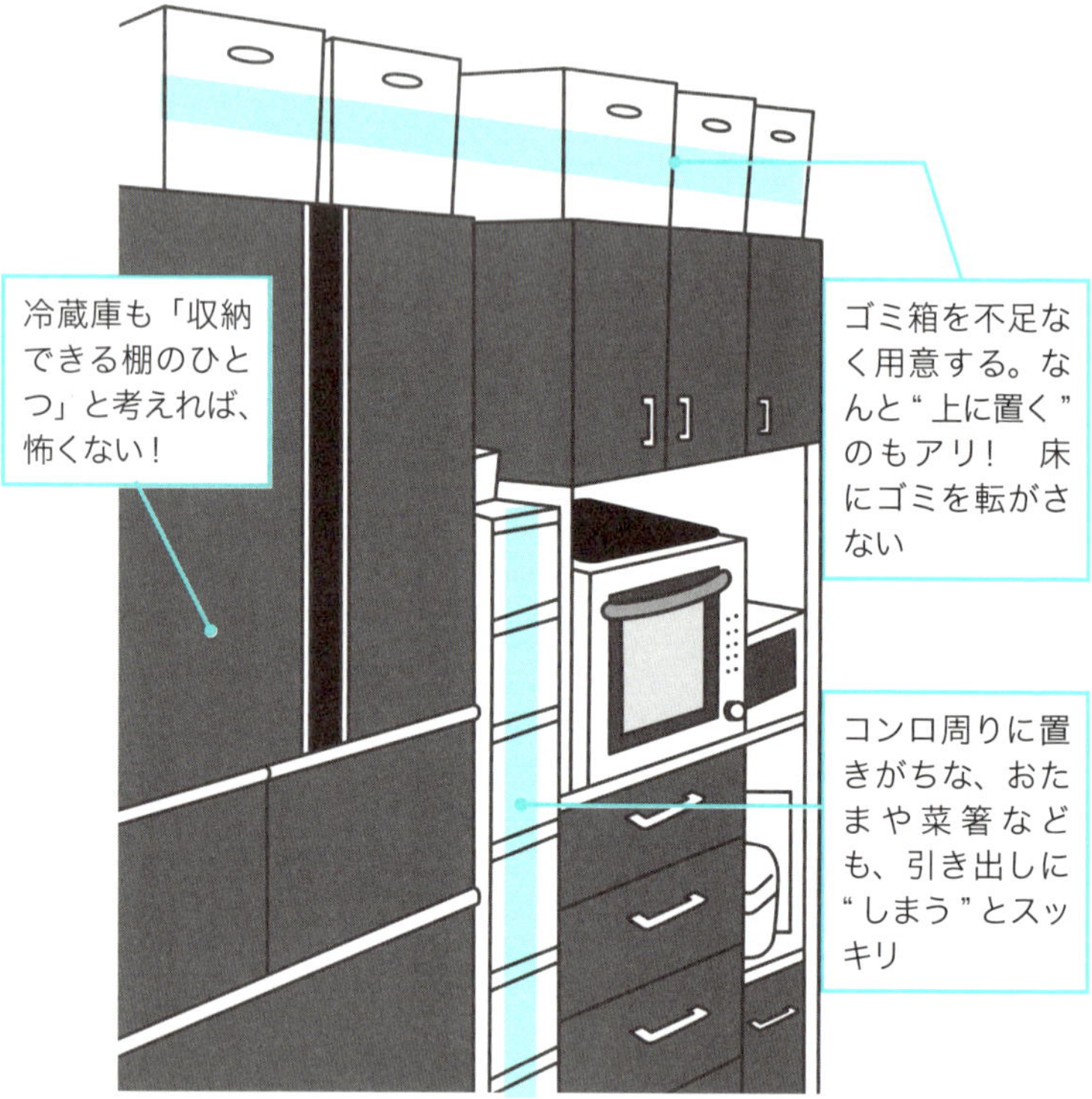
冷蔵庫も「収納できる棚のひとつ」と考えれば、怖くない！
ゴミ箱を不足なく用意する。なんと“上に置く”のもアリ！　床にゴミを転がさない
コンロ周りに置きがちな、おたまや菜箸なども、引き出しに“しまう”とスッキリ

クローゼットの収納例

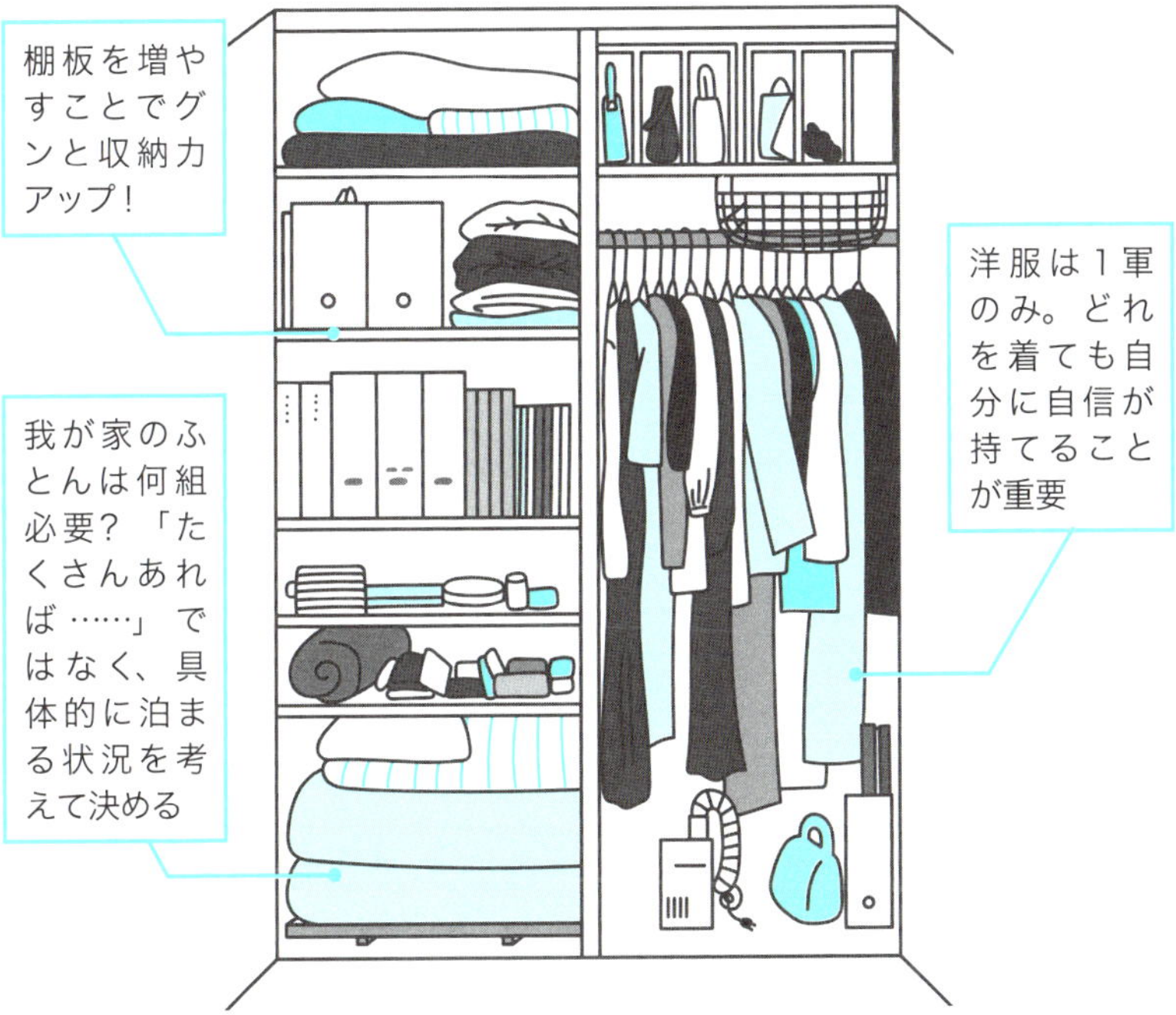

棚板を増やすことでグンと収納力アップ!
我が家のふとんは何組必要?「たくさんあれば……」ではなく、具体的に泊まる状況を考えて決める
洋服は1軍のみ。どれを着ても自分に自信が持てることが重要

こうした作業をすることで、これまでの人生で普段使わない脳を使うことになるので、疲れるし、逃げ出したくなるものです。でも、片付けにおいて「とりあえず」は、考えることから逃げるための、少しかっこよく聞こえる言い方でしかありません。考えることを放棄したのと同じことであるということを覚えておいてください。

「一度モノを捨ててから片付けるのか、それとも片付けてから収納できなかったモノを捨てるのか」と迷う方がいますが、**不要なモノを全て捨てて、ミニマムな状態にしてから、収納場所を考えるようにしましょう。**極端なたとえをすると、1万個もあるモノを収納しようとするよりも、たった10個のモノを収納する方が、はるかに簡単ですよね。**「うまく収納できません」という方に、「もっとモノを減らせますか？」と聞くと「減らせます」と答えが返ってきます。つまり、みなさん収納の前に「モノの捨て方が甘い」ということなのです。**

捨てる時は、引き出しの中のモノを全て床などに出して並べてから取捨選択を行いますが、多くの方は、この「全出し」を嫌う傾向にあります。なぜならみなさん、「全出しなんて、ああ！　面倒くさい！」と、面倒くさい病にかかっていたり、過去に全出しをしたことはあるけれど、結局たくさんは捨てられずにほとんどのモノを元に戻してしまったという経験があるからです。過去の苦い記憶から「もうやりたくない」と思っている人が多いのですが、私は「片付けと、あと一歩、深く向き合ってみない？」とお伝えしたくなるのです。

ポイントとしては、「完了すること」とセットでやっていくこと。 そのためには、この「全出し」についても、前述したように玄関と洗面所など狭いところ、トレーニングとしてスペースの小さいところからやっていくことをおすすめします。

ここで注意が必要なのは、〝単位〟です。よく「片付けは、引き出し1段から始めましょう」と書いてある片付け本がありますが、片付けに深くお悩みの方の場合、そんなペースでは、家全体がキレイになるのはいつになることやらということになります。もしやるなら家具単位、つまり7段のチェストであれば、1段だけではなくて7段全てやる。という風に、少しずつ、よりも、もう少し大胆に取り組むのが成功のポイントです。

そしてモノを捨てることに抵抗を感じている人がよく言うのが、「捨てるのではなくて、寄付をしたら、世の中の誰かの役に立つ」ということです。あるいは、「1円たりとも損をしたくない」という思いから、「フリマアプリなどを使って売りたい」と考える方も少なくありません。でも、**たとえフリマに出品しても、その品物が売れるとも限りません。売れるまで手元に置いておくことになるので、大量のモノを売り尽くすまで不用品に埋もれて暮らすことになります。**フリマ出品以外に、寄付をしたい場合は、スピーディに進めましょう。いつまでも手元にあるのではなく、一日も早く手放すのです。

捨てるのが苦手という人は、モノとの向き合い方がもう一歩、ということが課題なのです。「収納できる以上のモノは持たない」ということこそが、とても大事なことなのです。モノにとらわれる生き方から卒業して、片付け苦手を克服し、自分は本当に望む新しいステージに進むのだという強い心を持ちましょう。

大切なことは、「とりあえず残しておこう」「とりあえず、ここに入れておこう」など「とりあえず」という言葉に逃げず、自分で決断する豊かな心を持つことです。

1秒収納メソッド

大事に「しまう」のではなく、大事に「使う」

あなたにとって、「モノを大事にする」ということは、どういうことでしょう。化粧品のサンプルや使い捨ての歯ブラシ、コンビニでもらった割り箸やスプーンなど、「いつか使おう」と思って引き出しの中に溜め込むことでしょうか？　「旅行の時や誰か泊まりに来た時に使えるし」なんて思って、大事にしまい込んでいるという方、結構多いのです。

片付け苦手時代の私が、ゴチャゴチャMAXになってしまった洗面所の片付けを仕方なくしていた時のこと。引き出しの奥の方から化粧品サンプルを発見しました。「旅行や帰省の時に使おう」。そう思って、また奥の方にそっと戻しました。

それから数年後のある日、その美容液のサンプルを開けてみてビックリ。なんと成分が分離していて、もう使えない状態になっていました。いつか使おうと思って「大事にとっておいた」のに！　ショックでした。

つまり数年もの間、使わずに洗面所の引き出しの奥で死蔵させていたということです。旅行や帰省の準備の時以外は、洗面所の引き出しの奥にサンプルがあることなんて忘れています。「結局使わないモノを大事に温めて、今使っているモノの置き場所を奪っている」ということになります。すごくもったいないことだと思いませんか？

では、片付け上手さんの化粧品サンプルとの付き合い方をお伝えしましょう。**それは「もらったその日のうちに、すぐ使うこと」です。**「いつか使おう」としまいこんだらそれまで。数年後、私のように分離した美容液と再会することになります。すぐに使うとそれまで使ったことのない新製品を知ることができ、新しい喜びに出会えます。「いつか使うかも教」の信者だった頃には知らなかった喜びです。「自分をもてなしている」「自分が喜ぶことをしてあげている」、そんなハッピーな気持ちになります。

もしあなたが「いつか使うかも教」の信者さんであれば、**もらった化粧品サンプルを、「今日使う」という新しいミッションを楽しんでみてください。**化粧品も食品も、フレッシュなうちに楽しむのです。劣化した品物をおそるおそるこわごわ使っているなんて、あなたの心がしぼんでいってしまいますから。

1秒収納メソッド

毎年年末の大掃除がユーウツなあなたへ

私が片付けができるようになってからは、圧倒的に掃除の頻度が上がりました。今でこそ掃除は毎日できるようになりましたが、片付けられるようになる前は掃除も嫌いでした。掃除機をかけるのだって週に2回できたらまだマシな方。

モノがあふれた物置部屋を掃除どころではなくて、平気で数カ月間放置していました。そして「この汚部屋、どうしよう」といつもモヤモヤしているのに思考は停止。途方にくれていたことを思い出します。

でも片付けが進むと、モノであふれていた部屋がガラーンとしてくるので、床のゴミが気になったり、やっと掃除に気持ちが向くのです。床にモノがなくなると、掃除機をかけるのだってノーストレス。お掃除ロボットを持っている人はスイッチオンで床掃除は完了。お掃除ロボットは持っているけど、片付けられないから、結局、全然出番がないなんていうこともなくなります。

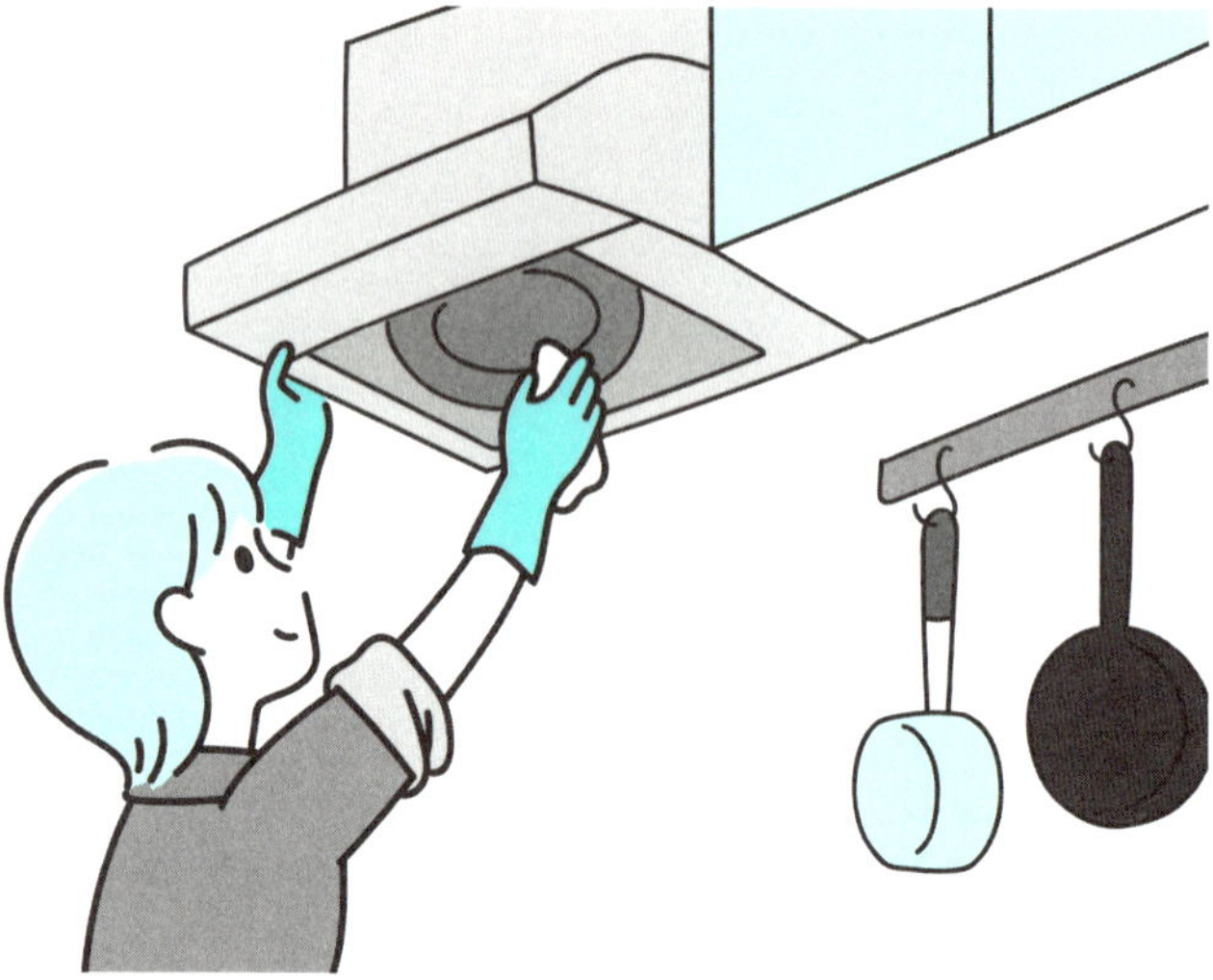

片付けと掃除に対するストレスがなくなると、普段からまめに掃除をするようになります。例えばガスコンロ周りの油ハネは、ささっと拭き取るようになるし、窓掃除も気楽にできるようになります。
するとと何が起きるかというと、年末や春先に「大掃除だ!」と気合を入れて掃除をする場所がなくなります。
普段から片付けておくと掃除がしやすいので、まめに掃除をするようになって年末の大掃除が驚くほど楽です。親戚が来ても友だちが来てもストレスなし。むしろみんなに片付いた家を見せたくなります。

日本では、年末に大掃除をするのが通例ですが、これは宮中の煤《すす》払いの慣習にならったものだと言われています。一年間の汚れを落として、家の中を清め、門松やしめ縄を飾って歳神様をお迎えするという意味合いがあります。

でも真冬に窓やドアを開け放したり、サッシの掃除など水を使った掃除を12月にするのは、なかなかきついですよね。大掃除をしながら、通常の食事の準備もしなければなりません。さらにお節料理のための買い出し、お節料理作りをはじめとして、さまざまな家事を並行でしなければならず、主婦一人がとてつもなく慌ただしい思いをすることになります。みなさんは、いかがですか？

ちなみに私は、年末の掃除は、さっぱり気持ちよくなるくらい、年末年始の準備の二の次、程度に留めています。

欧米では、「スプリング・クリーニング」といって、3月に大掃除をする習慣があります。太陽の光も明るくなってきて、窓の汚れが目立つので、そのタイミングですね。とはいえ日本の3月、4月はまだ肌寒いので、**日本で大掃除をする絶好のタイミングがGW。その頃には、気温も上がっていて気候が良く、外での作業や水を使った**

掃除も苦にならず楽しく進められます。

でも、そこまで暑いわけでもなく、湿度も低く空気がカラっとしているので、気持ちよくお掃除することができるのです。

GWの前半に家を丸ごとキレイにして、後半に友人など親しい人を招いてホームパーティをするのも楽しいですよ。また、後半に旅行に出掛け、帰宅したときの「家がキレイ!」という喜びも味わってもらいたいです。

年末の大掃除を億劫に感じる方は、是非GWにやってみてください。

Check List

- □ 100時間（2カ月を目安）をかけて家全体を片付ける
- □「100時間片付け」のスケジュール表を作成する
- □ 玄関や洗面所など狭い空間から片付けを始める
- □ 判断する回数を余計に増やす“保留”をやめる
- □ 1日の中に15分のリセット片付けを取り入れる
- □ モノの収納場所は時間を取ってでも自分でじっくり考える
- □ 大切なモノは奥にしまいこまずに大事に使う
- □ 大掃除を年末でなくGWに実践してみる

几帳面な主人と正反対の私
片付け苦手を克服したら
家族関係が良好になりました

トシコさん
中部地方在住

夫、息子２人（中３、中１）、娘（小１）

主人の実家・4LDK

最初は口調がやさしかった主人も、行動に移さない私に苛立ち口調が強くなる一方
ただいま
また散らかってる少しは片付けてよ！
あっごめん明日キレイにするから
「自分を変えたい」という思いで、主人の反対を押し切りSNSで見つけたりょうこ先生の講座へ申し込みました
10年間、僕が言い続けてもむりだったのに
数カ月の講座で変わるわけないでしょ！
でもやってみたいの
1秒収納の「15分お片付け」を実践したら、1日で段ボール5箱の片付けが終了
10年間を共にしてきた…
開かずの段ボールが1日でなくなった！
ママすごい！
片付けを始めたら、家の中がどんどんキレイに
じーん…
私は〝片付けができない〟んじゃなくて、
片付け方を知らなかっただけなんだ
部屋を保ち続けることで、探し物での時間ロスを解消
パパ、準備ができたからいつでも出られるよー
じゃあ出かけよう！
OK！
家がキレイになって主人との関係も良好になってきました

子どもができたらモノが
増えてきて、1日の家事が
自転車操業のようでした。
片付けが追い付かず、
にっちもさっちもい
かない状態に……

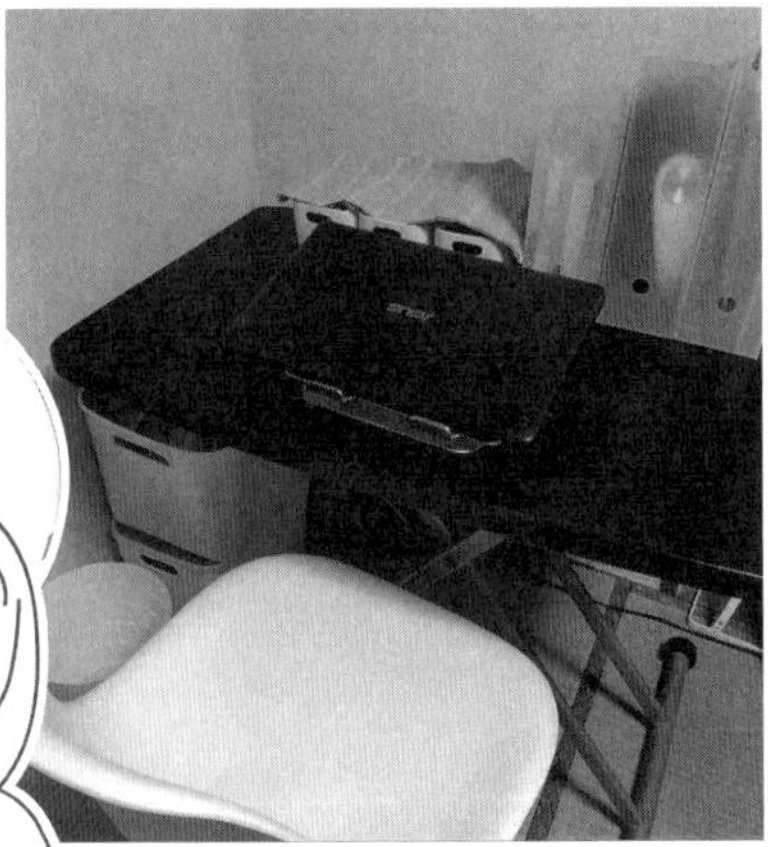

片付けができると、家の中が
どんどん変わっていきました。
「目から鱗が落ちる」って
こういうことなんだ
なって実感しまし
た

1秒収納メソッド

片付けをすると、仕事も家庭も子育てもうまくいく

「片付けをすると仕事も家庭も子育ても、全て上手くいく」には理由があります。片付けが苦手な方であれば、仕事や外出先から疲れて帰宅して、散らかった部屋を見た途端に、「ああ、片付けなきゃ」とさらに疲れてしまうことが多いはず。

片付け上手になれば、毎日のそんなムダなプレッシャーから解放されていきます。

また、子どもには「片付けなさい」と言うものの、自分が片付けの方法がわかっていないため、具体的に何をどう片付けたらいいのか子どもに説明できずモヤモヤしてしまう人も多いと思います。

片付けが下手な母親から怒られる子どもの気持ちを考えると、「理不尽に思ってるんだろうな」と想像するだけで暗い気持ちになるという人もいるでしょう。「毎日片付けなさい」と子どもにガミガミ言っても家の中は何も変わらず、エネルギーの無駄遣いになっている母親のみなさんも少なくないと思います。

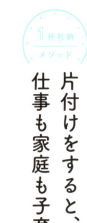

でも**ママが片付け上手になれば、子どもに片付けを実際に教えることができますし、子どもに片付けを教えれば教えるほど、自分も片付け上手になっていきます。**

これまで勉強や部活、仕事などで、周りの人たちに何かを教えたことで自分の理解が進んだり、スキルアップしたことを体感したことがある人も多いのではないでしょうか。

人は誰かにアウトプットすることで自分の理解がより深まり、周りもあなたの考えを理解するようになるので、自分自身も動きやすくなっていきます。

夫婦の関係も、パートナーに小言を言われたり、逆にイライラをぶつける頻度も減っていくので、家がきれいになったことで、前より関係が良好になったという声を私の周りでたくさん聞くようになりました。

片付け上手になれば掃除もしやすくなるので、清潔を保てますし、家族に毎日「片付けなさい」と言いつつ、「散らかっているのは、私のモノばかり」という矛盾もなくなります。

1秒収納メソッド

キレイになりたい。痩せたい。に一番効く片付け

片付けに悩んでいるあなたは、今、自撮り写真や自分が写っている動画をじっと見ることができますか？　「嫌だ」と思ってしまったあなた、自分に自信をなくしてしまっていませんか？　同様に部屋を撮影した写真を直視したことはありますか？　部屋を直接見ているのと違って、写真で見ると少し客観視できることから、「人からはこう見えてたんだ」とギョっとすることがあります。

これと同じで、毎日見ていると、たとえ汚部屋であっても、見慣れた風景になってしまいます。そして、自分の顔までがその散らかった風景に合った顔になってしまっているということに気付いているでしょうか。

「片付け」をすると痩せる・キレイになるという話を聞いたことがあるかもしれませんが、これには理由があります。

一つ目の理由は、**部屋を片付けるときに、必然的に運動量が増えるという点にあります。**一生懸命身体を動かすので、ジムに通わなくてもカロリー消費ができて、部屋もキレイになり一石二鳥です。

あなたが後回しにしてしまっていることとは、きっと「ペンを使った後、ペン立てに戻す」「読んだ本を本棚に戻す」「床に落ちているモノを拾う」など、小さなことではないでしょうか。これまで「このくらい後でもできるから、今じゃなくてもいいや」と後回しにしてきたことを、目についた時に片付けるクセをつけるだけでも、家の中を動き回ることになり、いい運動になります。

また、片付けの「面倒くさいから後回し」というマインドと、ダイエットにおける「食事制限も運動も面倒くさい。明日からやろう」の根っこは一緒です。ですから片付けを通じてマインドを整えることが、ダイエット成功へ導くのです。

そして2つ目は、**何をどれだけ持っていれば暮らしていけるのかが、把握できるようになるということです。**特に食品です。おやつは、あればあるだけ食べてしまいますし、必要以上の食料があればそれだけ「作り過ぎ・食べ過ぎ」が起きます。人間は「たくさんある」と思うと本当に必要な量の1・5倍の量を消費してしまうそうですから注意しましょう。

1秒収納メソッドによって、家だけではなく身も心もどんどんキレイになっていくみなさんの変化を私はこれまでずっとこの目で見てきました。だからこそ「キレイになる」ことは、誰にでも起こる変化だと思っています。

「片付けられる人たちは特別な人だし」とか「私なんてもう○○歳だし、こんなもんでしょ」なんて諦めていませんか？　私も、片付けられるようになった人たちもみんな普通の人たちです。年齢も関係ありません。飛びぬけた能力があるわけではなく、**片付けられるようになった人たちに共通しているのは、「片付けられるようになりたい」という強い気持ちを持ち、そして素直に行動したことでした。**

美容も片付けも、自分が強い気持ちを持って一歩を踏み出せばあなたに美しい変化をもたらすのです。

実際に片づけられるようになった方々は、〝顔〟が変わります。片付けを通してモヤモヤを取り払い、「今すぐやる」が当たり前となり、ご家族とも円満になるのですから、逆に顔が変わらないわけがないのです。「○○さん、輝いてるな！」といつも思います。

1秒収納メソッド

片付けたらお金が貯まるってホント？

「片付くとお金が貯まる」という話がありますが、それは、「片付けると運気が良くなるから」というフワっとしたものではなく、明確な理由があります。お金と片付けには、共通点もたくさんあります。

まず、**目標や目的を定めずに始める片付けはどこにも到達しないし、ただの辛い作業になるということ。お金も、目標や目的なく貯めたり使ったりするのは、ただの苦行でありムダ使いです。**入ってくるお金、つまり収入についても考え、目標を立てて貯金し、ハッキリとした目的を持って使っていれば自然にお金は貯まるものです。

モノを手放すとき、何らかの形で売りたいと考える方が多いですが、1円たりとも損をしたくないのに、「家計簿をつけていない」という方も意外と多いのです。家計簿をつけるのが続かないのも、家計簿をつけることを後回しにしているからです。

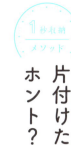

多くの片付け苦手さんにとって、家計簿をつけていないことはコンプレックスになっています。「いつかつけなきゃ」と思いながら、大量のレシートを保管しています。家計簿は家計管理のための一つのツールでしかないのに、家計簿をつけることが目的になっている人がとても多いのですが、これは、片付けにも通じることです。

家計簿がつけられないのは、「何のために家計簿をつけるのか」という目的が明確になっていないからです。お金を貯めたいと思いながら、「何のために貯めるのか」という視点が抜けているのです。これは、キレイな部屋にしたい、すっきり片付いた家で暮らしたいという夢があるのに、「いや、これまだ使えるから」といって捨てられないのと、同じことです。

片付けを始めて、辛くなることがあったとしても「○○のために片付けを始めたんだった」と最初の目的を思い出すことで、自分で立ちあがって乗り越えてきた人たちをこれまでたくさん見てきました。

大切なのは、目標も目的も〝自分で〟ハッキリと決めること。「一般的には普通はこうだから」では、あっという間に迷子になってしまいます。また、モノを処分しているときに不要品をフリマサイトで売ろうとしたり、譲り手を必死になって探すのは、本来は悪いことではありませんが実は、モノを手放すことに伴う痛みを少しでも回避する行動だということに気付いてください。モノを売ること自体が悪いのではないのです。

片付けもお金も、あなたが上手に管理できるようになるには経験や失敗を繰り返していくことが必要です。ですが、残念なことにお金も片付けも小さな失敗を恐れて、チャレンジしない人が多いのです。

「家を片付けたらお金が貯まる」という話については、「きちんと活動できるエネルギーを充電できる家であるかどうか」というのも注目すべきポイントです。一生懸命働いて疲れた頭や体をリセットできるような家であれば、身心を休めることができて、翌日、あなたも家族も頑張れます。

また、整然と片付いた家になれば、それまで探し物ばかりで時間通りに家を出られず、遅刻ギリギリだったあなたが（あるいは家族も）、遅刻せずに出社することができたり、本を読んだり趣味やスキルアップの時間が作れます。

また、精神的な余裕が出ることで、職場での人間関係にも良い影響が生まれ、信頼度が上がることにもつながります。職場で信頼されるようになれば、希望していた仕事を任されるようになったり、成果が出るようになったり、昇格したり年収が上がるということが本当に起こります。

家が片付くとお金の悩みも解決するという話、納得していただけたでしょうか。

事例1 足の踏み場もなかった汚部屋からスッキリ片付いて床が見える日常へ

Aさんのお悩みは、とにかく床にモノを置いてしまうことでした。片付けの本が床に転がっていたこともあったそうです（笑）。モノを床に置いてしまうとモノがモノを呼んで、気が付いたら足の踏み場もない！ なんてことは、片付けができない人にとっては、よくあることです。

私は、このモノがモノを呼ぶ現象を〝マグネット現象〟と呼んでいますが、床だけではなくて、キッチンカウンター、テーブルの上もマグネット現象の温床になります。

Aさんは、食器棚の前に荷物があって扉が開きづらく、わずかに開いた食器棚の扉の間から手を無理矢理入れて、グラスを取り出そうとして、割ってしまったことがあったそう。外出するときも、持って出かけたいモノがなかなか見つからず、家を出るまでに時間がかかってしまい、いつも約束の時間ギリギリに到着することが常だったとのことです。こんなことが日常茶飯事に起きていたAさんは、「時間にゆとりを持って準備ができる人になりたい」と思っていたのでした。

割らなくていいグラスを割ってしまったり、早く出かけたいのに探しモノに時間を取られてなかなか家を出られない。そんなプチストレスを抱えていたAさんは、私がアドバイスするまで、「私は、片付けがもともとできないんだから、こんなもんでしょ」と諦めていました。

目に入ってくる足の踏み場もないほどのゴチャついた状態もいつしかそれが日常になってしまい、感覚が麻痺してしまっていたようでした。

でもプチストレスは、実はすごく怖いもの。一滴一滴のしずくが大きな岩に穴をあけるように日々のプチストレスがあなたの精神をジワジワ蝕んでいきます。決して大げさな話ではなく、現実に起きることですから、この話にハッとした方は、要注意です。Aさんには、「実は、プチストレスだらけだった」ということに気付いてもらえて本当に良かったと思っています。目に見えず、自分にしか感じられない〝ストレス〟こそ恐ろしいものですから。

片付けができるようになったAさんは、これまで片付けられないことに悩んでいた人なんて思えないほど、現在は自信に満ち溢れて、のびのびと生活されています。レッスンの最後には、「片付けや整理整頓が私にもできた、という自信が一番のギフトでした」と語ってくれたAさん。

片付けを通して身に付けた、判断力や自己肯定感の向上など、多くのことをご自身のお仕事にも応用して、活躍されています。

事例2 「頑固」という鎧を脱ごう

モノを手放す前に〝あること〟を手放したら、お部屋もどんどん片付いたという1秒収納の生徒Hさんのエピソードをご紹介します。

Hさんは洋服が多くて捨てられないことに何年も悩んでいました。話をうかがうと、注文住宅で、収納スペースをたくさん作ったことが裏目に出てしまったとのこと。しまっておけるスペースがたくさんあることで、収納には困らないという変な自信が生まれてしまい、洋服は椅子の上に山積み、空いている部屋には、使い切れないほどの洗剤やトイレットペーパーなどの生活用品のストック、大量の食品を詰め込んでいました。

家の中に一体どのくらいのモノがあるのか全く把握できていないということもお悩みのひとつでした。

物置部屋になってしまった部屋を、すっきり片付けて小学校高学年になるお嬢さんの部屋にしたいと考えていたHさん。ご自身が転職するタイミングということもあり、時間が空いた期間に「今度こそ片付けに取り組む」と固く決心されました。でも自分一人では到底片付けられそうにない、誰かのサポートが必要だと考えて、1秒収納塾に入塾されました。

ご自身でも頑固だという自覚があったというHさんに対して、私は「素直になることが片付け苦手克服への近道です」とお伝えしました。Hさんは最初、それまでの自己流とは違う「1秒収納」の考え方に葛藤を覚えつつも、「頑固さを手放して、素直になってみよう」と心掛けていらっしゃるのが私にも伝わってきました。そしてある頃から、Hさんの表情が変わり始めました。

何十年も捨てられなかった洋服が整理され、ご希望だったお嬢さんの部屋も作り出すことに成功したのです。生活用品や食品のストックの管理は、家族で協力して行うことが重要だということに気づいたHさんは、それまで、すれ違いの多かった家族ともコミュニケーションを取るよう工夫されました。その後は、ストックの管理もできるようになるなど、大きな成長を遂げたのです。

頭ではわかっているつもりでも、なかなか行動に結び付かず、片付けが進まなくて焦る日々を送っていたHさんですが、「1秒収納」を学んだことによって、スッキリ片付いた環境を手に入れました。そして片付けを通して、〝自分を大切にすること〟も思い出していったのです。

家を片付けきった後、「自宅が好きになりました。こんな風に思ったのは初めてです」という感想をくださいました。転職後、多忙を極める毎日を送りながらも、安らぎを感じる、帰りたいと思える家を自分の手で作り上げられました。今では、ご自宅が安らげる空間になったことでお仕事に全力で打ち込めるようになり、さらに片付けで培った〝素直さ〟を、お仕事上のコミュニケーションにも活かされているそうです。片付けによってひと皮むけたHさん、人間力も高まって、より魅力的に輝いていらっしゃいます。

Check List

- □ 家族に片付けの方法を教えることは、自分自身のスキルアップにも繋がる
- □ 必要以上に食品を買い込むクセを止めることは、片付けにもダイエットにも有効
- □ 貯金も片付けも具体的な目標・目的を設定する
- □ 片付いた部屋は、脳や身体を休めることができ、仕事や家事の効率化にも繋がる
- □ 片付けで身に付けた判断力や自己肯定感の向上は仕事にも役立つ
- □ 素直な気持ちで取り組むことが最善の結果を生む

“毎日片付ける習慣”が身につき、自己肯定感がUPしました

トモエさん
関東在住

夫、娘（中2）、息子2人（小6、小3）

戸建て・5LDK

りょうこ先生の講座で新たな気づきがありました
毎日15分、決まった時間に片付ける習慣を！
散らかりMAXになったら片付けてたけど、毎日やらなきゃいけないんだ……
そこから毎日、決まった時間に「15分お片付け」を実行
そんな私を見た娘も自分の部屋を片付けるようになり
娘はきれいになった自分の部屋にこだわりを持ち出しました
ここのスペースにクマのぬいぐるみを置きたい！
きっとこの部屋に似合うよ！
毎日、片付けの習慣がついた私は、
一時的にモノが増えても、片付け方を知っているから大丈夫！
前より自己肯定感が上がったように思います

整理収納アドバイザーの方にお願いしても、その日だけはすっきりするけど、モノが増えてどんどん散らかっていき、また元通りに…

毎日元の場所に戻す「リセット片付け」が、生活の一連の流れで自然にできるようになり、「やらなきゃ」というモヤモヤが解消しました

1秒収納メソッド

ダイエットも片付けも失敗したくない

「片付けても片付けても一週間ももたずにまた元通り。私の片付けは、どうして上手くいかないの?」と悩んでいる方、まさに「リバウンド」ですよね。「ダイエットと片付けは、面白いほど似ている」のです。

「面倒だなあ、今日は片付けたくない」を繰り返してしまうのは、自分に根性がないからだと思っていませんか? ダイエットもそうですよね。「また食べちゃった」「また走りに行けなかった」「私って、やっぱり根性がないなぁ」と落ち込んだことがある人は多いのではないでしょうか。

でも安心してください。ダイエットも、片付けも、上手くいかないのは、あなたの根性がないからではありません。**ダイエットと片付けは「根性」に頼ると100%失敗します。**この方程式を知っておいてください。では、何をどうしたらうまくいくのか。

それは**「何のために」片付けやダイエットを成功させたいのかという、「明確な目標」を立てることです。**

例えば、

・起業したので、仕事に全力で取り組めるよう、家の片付けに悩む習慣とおさらばする
・長年、片付けのことで心労をかけてきた夫に「いつも片付いた部屋になってありがとう」と言わせてみたいし、彼に心から家でゆっくりしてもらいたい
・不要品をゴチャゴチャ置いてきた和室を中学生の娘の部屋にしてあげる

などです。

そして明確な目標とともに必要なのが、長く続ける「仕組み」を作ることです。

この2つの条件が揃ってはじめて、ダイエットも片付けも成功します。あなたは、片付け（ダイエット）が苦手なのを克服してどうしたいですか？　あるいは、どうなりたいですか？　「すっきりとした家で、心地よく暮らしたい」という程度のぼんやりとした目標では、残念ながらすぐに挫折してしまうことは目に見えています。もっと具体的で魅力的な「目標」を立てないと現実化しません。

大多数の人は、この「仕組み」作りができていません。片付け上手な人はこの、仕組み作りが超絶上手いのです。仕組みといっても、「いかにシンプルで、面倒くさくなく、ただやるだけでいい」というものです。

仕組みとは、片付けを気まぐれでやるのではなく、例えば「毎日15分片付けを朝、家族を送り出した後にする」というルールを作ることです。普段、仕事上でもルールがあるのに、「家庭でもルールに縛られたくない」という人もいますが、そういう方は「ルールは、自分を縛るもの」だとビリーフノートに書かれてしまっているのかもしれません。**ルールは、あなたを縛るものではなく、あなたを楽にする、幸せにするものだとビリーフノートを書き換えましょう。**

そもそも「ルールを作りたくない」ではなく、簡単なルールを作り、作ったルールをコツコツ毎日、守り続けていくことが大事です。この話をすると「それができなくて困っているんだ」という話になります（笑）。

みなさん完璧主義で、今日できなかったからもうやめると考えがちですが、今日で

きなかったら明日、明日できなかったら明後日やる。1週間で3日しかできなかったけど、来週4日やればいいなど、長い目でとらえてやっていきませんか?**ルール化したことは、その日できなくても長期スパンで帳尻が合えばOKです。**

完璧主義だと、「うまくいかないから、やめる」という、0か100かとなりがちですが、うまくいかなくても「やめない」のです。

これができるようになることで、人生が変わっていきます。「毎日コツコツすることが苦手だから、片付けが苦手。それが原因となって、大きな視点で見れば、人生がうまくいっていない」ということを、みなさん、うすうす心のどこかでわかっています。だからこそ、あなたにとって、本当に片付けが大切だということを理解した上で、シンプルにできることをルール化し、長期的な視野で続けていくことが大切です。

「難しくて、複雑なことはしない」。これがとても大事です。毎日歯磨きするくらいに当たり前に、片付けることが習慣化されていきます。ダイエットに例えるなら、甘いものが大好きな人が「今日から甘いものは全部やめる」と、ひたすら我慢する。これが「根性」に頼ったやり方です。これは辛いし、なにより楽しくありません。さらに我慢の反動が怖すぎます。

毎日少しの心がけで続けられることを仕組み化する

では、「仕組み」に則ったダイエットとは、どういうものでしょう。「干し芋や甘栗を用意しておいて、どうしても甘いモノが欲しいときは食べて自分を満足させる」とか「この時間帯は、お菓子を食べてもオッケー、でも18時過ぎたら食べないようにする」など、**いきなりゼロにするのではなく、だんだんと甘いものから離れられるよう**

にするやり方が、仕組み化するということです。

片付けも同じです。片付けが長続きするために、あなた自身に合った仕組みを作る必要があります。あなたにぴったりの「仕組み」さえ手に入れば、最短ルートで片付け上手になれます。仕組みとはつまり「ルール」ですね。

例えば、「モノの定位置を決めましょう」ということは何度も見聞きしたことがあると思います。でもペン1本取っても、人によって動線も違えば、定位置も違います。誰かにとっての定位置でも、あなたにとっては違うということもありえます。さらにその定位置だけが正しいと、思い込んでしまうこともあります。私の塾生さんでこんな方がいました。

帰宅後、手を洗い、食事の準備をする時に、外したピアスをキッチンカウンターに置くことが習慣になっていたのだそう。その方から「キッチンの片隅にピアスの置き場所を作ってみてもいいですか?」と質問がありました。

もちろんOKです。キッチンに置くのはキッチン用品だけなんて決まりはありません。その方は、ピアスは洗面所に置くものだとずっと思い込んでいました。でも、外した後のピアスを洗面所までもっていく必要はありませんよね。外した後、つい置いてしまうキッチンにピアスの置き場所を作って、自分にとって戻しやすい仕組みを作りました。このやり方がこの塾生さんにはピッタリだったのです。

このように、**自分に合った仕組みを、あなた自身が考えて作っていくことがとても大事です。**なぜなら、これはどんな片付け本を読んでも載っていないことだからです。これをあなたの家全体、そして持ち物全てに関して仕組みを作れば、片付けも根性に頼ったものではなく、仕組みに則ったものになり、頑張らなくてもできるものに変化していきます。

「普通、〇〇はここに置く」や「△△はここに収納するといい」という〝一般的〟にどう、ではなく「私の場合はどうかな?」を考えられるようになると、あなたは片付け苦手を本当の意味で卒業できるのです。

1秒収納 メソッド

1秒収納がリバウンドしない理由

1秒収納のメソッドで片付けの仕方をマスターすると、なぜリバウンドしないのか、その理由をお伝えしましょう。それは、目の前の部屋をきれいにするのはもちろんですが、「その人自身が変わる」ということを大切にしているからです。

大抵の片付けの本は、「部屋をキレイにする」ことを目的としていますが、その人自身が変わらない限り、一時的にキレイにしても、部屋の状態はリバウンドします。

片付け方だけではなくて、その人の考え方や行動が変わらない限り、その場しのぎでしかありません。部屋だけをきれいにしても、帳尻を合わせるだけになってしまいます。

また、「片付けは嫌なこと、苦手なもの」という思い込みを持ち続ける限り、片付けは一生苦手なままです。でも「片付けとは楽で超簡単なもの。楽しくて半ば趣味。

ストレス発散にもなる」というくらいまで、ビリーフノートを書き換えてしまったらどうでしょう。

ここで大切なのは、**教わった通りにやるということから進化して、自分で考え、判断できるようになることです。**

モノを捨てる、片付けるにしても毎回、捨てるのか捨てないのか、どうやって片付けるのか毎回人に聞くわけにはいきませんし、誰も代わりにやってくれません。ダイエットで、誰も代わりに走ってくれないのと同じです。自分が主体的になって考え、判断する力をつけることが、リバウンドをしないために大切なことです。

リバウンドしないために今日から実践できること

片付け苦手な人ほど、片付けるモノをかなり溜めこんでから一気に片付ける傾向があります。まとめて片付けるのではなく、こまめに捨てたり、手放すクセを付けましょう。なぜ溜めるのかというと「そのほうが合理的だから」と答える方が多いのです。「溜めてから片付ける方が、手間が少なくて合理的ですよね」という方もいますが、

少量ずつ片付けないと、溜まりに溜まった大量のモノの収拾がつかなくなってしまいます。合理性を重視しすぎると、部屋は片付かないのです。「合理的に片付けたいんです」という方は、実際には片付けのスピードが上がらないことが多く、合理性を重視する考えを手放すと、スピードアップしていきます。

こまめに捨てる、こまめに片付けるのを「面倒」だと思いがちですが、「面倒くさい」と感じたらチャンス！　なんですよ。**「面倒だな」と思ったことは、多くの場合、今すぐやった方がいいことです。**先延ばしにするクセについて前述しましたが、面倒だと思って片付けを後回しにすると、頭の中に「あれやらなきゃ」というストレスをずっと抱えることになります。

リバウンドしないためには、3章でご紹介した、毎日タイマーを使って、出しっぱなしになっているモノを決めた場所にコツコツとひたすら戻してリセットする「15分片付け」が有効です。

1秒収納メソッド

1年後、5年後、10年後もキレイを保つために

家族が増えたり、マイホームを購入したり、また子どもたちが独立して家を出ていったりなどのライフステージの変化によって家も変わります。そのように時間の変化とともに家庭環境も変わりますが、覚えておいていただきたいのは、**あなたの身体が動くうちは、「片付けは一生続くもの」だということです。**

一度、部屋全体を片付けても「やった！　これで終わった！」と、それから片付けをパタっとやめてしまうと、あっという間にリバウンドしてしまいます。

片付けは、毎日コツコツと継続することがカギです。過去の私もそうでしたが、いま片付けに悩んでいるあなたは「片付けは、我慢の限界がきた時に、まとめてガツンと取り組むもの」と思っているはずです。

このビリーフノートを書き換えることが大事なのです。

片付けは「リング」と「らせん」

「片付けは一生続くもの」について、「リング」と「らせん」の関係をみなさんにお伝えしています。家じゅうの片付けを全て終わらせることを、リングを結ぶことだとしましょう。リングとはつまり「輪っか」のことで、2次元のもの。対して「らせん」は、3次元です。リングは、1周して「輪」ができたらそれで終わりですが、「らせん」は、2周目、3周目と立体的に何度も輪を描きながら、上昇していくイメージです。

片付けをリングだととらえ、同じところをぐるぐる回り続けていても成長がありません。でも歩みを止めないで続けていると、らせんができ上がっていきます。1周目、2周目、3周目と成長するにつれて、片付けに対する捉え方が全く変わってきます。

1周目で捨てられなかったモノが、2周目、3周目で「どうして、これを捨てずに取っておいたんだろう」と思えるようになったり、成長していることを感じられるようになります。

時間の変化とともに、私たちも年齢を重ね、子どもたちは独立していく、孫ができ

る、引っ越すというような変化に対応しながら生きていくわけです。**ライフスタイル、ライフステージの変化に応じたやり方を自分で見つけながら、歩みを止めずに上に向かっていく。それが片付けの本質です。**

片付けを学び始めたみなさんの最初の悩みは、「家じゅうの片付けが終わりません」、つまり「リングが結べない」というものです。でも塾を卒業する頃には「らせんを描く」ことができるようになっているので、卒業した後も、リバウンドしないのです。これが「成長」です。

ただし、繰り返しになりますが、**片付**

けにおいて、決して家族の奴隷にならないでください。目指すのは、「誇り高きコンシェルジュ」。家族の先頭に立って、旗を振っていくイメージです。**あなたが主体的に判断し、決断を重ねながら片付けを進めていくことで、自然と家族もついてきてくれるのです。**

「継続は力なり」です。片付けを通して、みなさんに幸せになっていただきたいと心から願っています。

Check List

- □ 長く続けられるように片付けを仕組み化する
- □ 毎日続けられる片付けルールを自分で考える
- □ 「片付け＝楽で簡単」にビリーフノートを書き換える
- □ 主体性をもって片付けに取り組む
- □ こまめにゴミを捨てるクセをつける
- □ ライフステージ、ライフスタイルに合った、毎日続けられる片付け方を自分自身で構築していく

モノを捨てる決断力がUPし片付けを通じて自分を見つめ直すことができました

ナオコさん
関東在住
夫、息子２人（大２、高３）、娘（中１）
戸建て・3LDK

りょうこ先生との会話で、あることに気づいたのです
え、でも…
捨てちゃったら、あとで「何で捨てたの？」とかいろいろ言われるのも嫌ですし……
捨てたモノの報告を、すべてご主人にする必要はないですよ
私へのダメ出しが多い主人との関係性が
私は主人と揉めるのが嫌で、
今までモノを捨てられなかったんだ
モノを溜め込むことに影響していました
そこから自分の意志で片付けを実行し続けることで
ペン立てに入らないくらいペンがいっぱい…
全部広げてみて、本当に使うペンだけ選んでみて
使う
使わない
毎日、習慣化することができ、子どもたちにも教えられるように
以前は週末をすべて片付けに費やしていたけど
一通り全部終わったから
お茶でもいれようかな
今は午前10時くらいまでに終わらせるルーティーンになっています
後回しにするクセや時間の使い方が下手なこと…最初は自分の嫌な部分と向き合えなかったけど
今ではダメな部分もある自分と工夫して付き合っていこうと前向きになれました

フルタイムで毎日仕事の忙しさに追われていたので、リビングを散らかしたり、モノを放置しておくことが当たり前になっていました

今では多少散らかっていても、15 分～ 30 分あれば片付けられるようになったので、過去のような焦りがなくなったことが大きな変化です

おわりに

実は私の両親は片付けが上手な人たちです。

ですから、父と母にとって、私が片付けができないことへのストレスは少なくなかっただろうな、と、私も思春期の娘を持つ親となって、初めて感じます。

もちろん幼い時には「片付けなさい」と毎日のように注意をされましたが、思春期以降は、両親はピタッと私への注意をやめました。

今はわかります。「ここからは自分の責任でやってみなさい」と私にゆだねてくれたということを。

それから自分で片付け苦手を克服するのに30年以上もかかってしまいましたが、それも私の人生。危なっかしい様子を見守ってくれ、自分の足で歩かせてくれたことに本当に感謝しています。だから「1秒収納」がこの世に生まれました。

また、本書の出版において、本当にたくさんの方々のお力をお借りしました。

「りょうこさんのこの本は、多くの女性を励まし、元気になってもらう本です！」と、自然体でリードしてくださった、Clover出版　蝦名育美さん。

私のあふれる想い、ほとばしる情熱を、読みやすくまとめてくださった、ライターの川崎あゆみさん。

1秒収納のプロデューサーである、田中祐一さん、雲野和哉さん。

私とともに1秒収納を豊かに伝えてくれている、原澤貴子さん、菊池寿子さん、齋藤奈緒子さん、野村えりさん、脇屋智絵さん。そして1秒収納の仲間を表す〝シスター〟

のみんな。

いつも信じてそっと応援してくれる夫。

そして、1秒収納を生み出すきっかけとなった娘。

「あなたに幸せになって欲しい」。一人の母親の小さな気持ちが始まりでした。

あのときと変わらず、いつもあなたの幸せを願っています。

あなたらしい豊かな人生を歩んでください。

最後に、1秒収納の卒業式で必ず私がお伝えする言葉、

「幸せになってください」

「継続は力なり」

をあなたにも贈ります。

この本を執筆するにあたり、これまでの1秒収納の生徒さんの軌跡を振り返り、勇気を出して変わろうとすること、うまくいかなくても諦めないこと、挫けそうになっ

ても仲間であるシスターにささえられて、また元気に取り組めること、そんな健気な姿勢が本当に素晴らしいとあらためて思いました。

あなたも片付けをきっかけに、あなたらしく豊かな人生を歩むことを、いつも応援しています。

２０２４年10月

中田りょうこ

Profile

中田りょうこ

株式会社チェンジグロウ代表取締役
1秒収納オンラインお片付け塾・塾長

40年来の片付け苦手人間だったのを克服した経験を元に、40代50代の幼いころから長年、片付けに困ってきた女性専用の「1秒収納」を開発。

「片付けが苦手な人には、片付けが苦手な人のための片付け方がある」ことを提唱している。自己流ではどうしても治らなかった片付け苦手を、脳科学や心理学の考え方や手法を使い、片付けて部屋をきれいにすることはもちろんのこと、生き方や人生、マインドをより豊かにできることを日本全国、世界に伝えている。

装丁・本文デザイン／宮澤来美（睦実社）
カバーイラスト／izumi_07 / PIXTA(ピクスタ)
イラスト／床山すずり
DTP／野中賢、安田浩也（システムタンク）
校正／あきやま貴子、株式会社BALZ
編集協力／川崎あゆみ（合同会社ウーマンクロスロード）
編集／蝦名育美

1秒収納

初版1刷発行 ● 2024年10月24日

著者

中田りょうこ

発行者

小川 泰史

発行所

株式会社Clover出版

〒101-0051 東京都千代田区神田神保町2丁目3−1
岩波書店アネックスビル　LEAGUE神保町 301
Tel.03(6910)0605　Fax.03(6910)0606　https://cloverpub.jp

印刷所

株式会社光邦

ISBN 978-4-86734-231-2　C0077